1冊でわかる!

令和7年
4月1日・
10月1日
施行対応

改正早わかり
シリーズ

育児・介護休業法、雇用保険法、次世代法

社内規程・様式・労使協定例

OURS小磯社会保険労務士法人

特定社会保険労務士
代表
社員 小磯優子

社会保険労務士
社員 高橋克郎 [著]

労務行政

はじめに

　育児・介護休業法は、施行後 30 年以上の間に多くの改正を経てきており、成立当初からずっと改正の内容を追ってきましたが、都度明確な目的がありました。前回は男性の育児休業取得率の促進でしたし、今回は仕事と育児の両立支援、特にこれまでの改正ではほとんど手が届いていなかった 3 歳以降の支援措置が法律に盛り込まれました。また、団塊の世代がすべて今年 75 歳以上になるため、今後増えていくであろう介護についても運用面での措置が法律に規定されています。

　育児または介護と仕事の両立は、どちらもかなり大変です。今回の育児関連の改正が、個々人の状況に合う、キャリアの停滞や中断をさせることなく、家庭生活も大切にした生き方に効果を発揮してくれることを願います。また介護関連については、突然対応を迫られ、先が見えない点で精神的な負担が大きく、離職につながりやすい傾向があります。改正にあるように、介護関係の法律や会社の制度を十分理解しておくことの必要性を、実感するところです。

　育児・介護休業法は法律等の構成により、また多くの法改正を重ねてきたことによって非常に複雑です。本書が育児・介護休業関連の手続きや運用を行う企業の人事担当者等の理解や事務処理、規定改定の一助になれば幸いです。

OURS小磯社会保険労務士法人

特定社会保険労務士

代表社員　小磯　優子

令和 6 年の出生者数は統計開始以来で初めて 70 万人を割り込む見込みとされています。

私が生まれた昭和 61 年の出生数は約 139 万人でしたので、39 年前と比較すると出生する子どもの数がほぼ半減してしまったのが現在のわが国の状況です。

高齢者数および要介護認定者数も増加の一途をたどっており、人口減少および年齢構造等の変化に伴う労働力の減少は、今後の日本にとって避けようのない社会課題として懸念されるところです。

これを受け、今回の育児・介護休業法の改正は、育児や介護に伴う「休業（仕事から離れること）」ではなく、「復職後の働き方の選択肢を増やすこと」、そして「仕事との両立支援に関する情報提供の機会を設けること」にフォーカスされています。これは、働きながらこれらに向き合う労働者のニーズに合った就労を可能とすることで、労働の機会と意欲を損なうことなく、無理なく生活との両立を継続する仕組みを構築することを意図していると考えられます。

今回の改正内容にはやや難解でどのように対応すべきか迷うものがあると感じる方もいらっしゃると思います。しかし、今後到来する人手不足の社会にあっても活力ある企業活動が継続できるように、ぜひ改正の背景・目的にも注目しつつ、対応を進めていただければと思います。

OURS小磯社会保険労務士法人

社会保険労務士

社員　高橋　克郎

なお、本書の執筆に当たり、一般財団法人労務行政研究所の井村様の多大なるご支援、また同研究所の皆さまのご協力に感謝し、心より御礼申し上げます。

※本書は、令和 7 年 2 月 14 日現在の情報を基にしています。

Contents

第1章 改正ポイント・新旧対比 11

❶所定外労働の制限の適用期間延長……12

❷子の看護休暇制度の見直し……13

❸子が3歳に達するまでの両立支援措置の拡充……14

❹3歳未満の子を持つ労働者に対する努力義務の措置として
在宅勤務等を追加……15

❺男性の育児休業取得状況の公表義務対象の拡大……16

❻介護の両立支援制度に関する
個別周知・意向確認措置の義務化……17

❼介護休業・介護両立支援制度等の申し出を
円滑にするための雇用環境整備の義務化……18

❽介護休暇制度の適用除外対象者の見直し……19

❾介護休業をしない者に対する努力義務の措置に
在宅勤務等の措置を追加……20

❿子が3歳から小学校就学までの柔軟な働き方を
実現するための措置……21

⓫労働者の仕事と育児の両立に係る個別の意向聴取・
配慮義務……22

⓬出生後休業支援給付金の創設……23

⓭育児時短就業給付金の創設……24

⓮一般事業主行動計画の仕組みの見直し……25

⓯「くるみん」の認定基準の見直し（省令事項）……26

Contents

第2章 改正法の主な内容　27

❶育児・介護休業法の改正 ……………………………28

1. 令和7年4月1日施行……28

[1] 育児関係……28

⑴所定外労働の制限の適用期間延長 (育介法16条の8) ……28

Q1　有期雇用労働者のみを適用除外とする労使協定の定め……32

Q2　「事業の正常な運営を妨げる場合」の適用の可否……32

Q3　短時間勤務制度と所定外労働の制限の併用……33

⑵子の看護休暇制度の見直し (育介法16条の2～4) ……33

Q1　勤続6ヵ月以上　所定労働日数が週2日の
有期雇用労働者……38

Q2　保育園・小学校の臨時休業時の取得請求……38

Q3　学級閉鎖に至る前の取得請求……39

⑶子が3歳に達するまでの両立支援措置の拡充
(育介法23条2項) ……39

Q　3歳までの子を養育する労働者がいない場合……44

⑷3歳に達するまでの子を養育する労働者に対する努力義務の措置に
在宅勤務等の措置を追加 (育介法24条2項) ……44

Q　就業環境の整備を要件とする場合……46

⑸男性の育児休業取得状況の公表義務対象の拡大
(育介法22条の2) ……47

Q1　非正規雇用労働者が中心の企業の場合……51

Q2 事業年度の途中で「300人」を超えたり、
下回ったりする場合の公表義務……51

Q3 公表時期が遅れてしまった場合のペナルティー……51

[2] 介護関係……52

⑴介護に直面した労働者への両立支援制度に関する個別周知・
意向確認措置の義務化（育介法21条2項・3項）……52

Q1 本人から申し出がない場合の個別周知義務の適用……60

Q2 意向確認時に労働者から明確な回答がない場合……62

Q3 制度の利用を強く推奨すること……62

Q4 両立支援制度等に関する情報提供の方法……63

Q5 「個別周知・意向確認」義務に違反した場合……63

⑵介護休業・介護両立支援制度等の申し出を円滑にするための
雇用環境整備の義務化（育介法22条2項・4項）……64

Q1 当面、介護が必要になりそうな社員がいない場合の
雇用環境の整備……66

Q2 介護休業等が取得しづらい職場での雇用環境の整備……67

Q3 eラーニングによる介護休業等に係る研修の実施……67

Q4 他の相談窓口を兼ねた相談体制……68

Q5 法令で定められた措置以外の措置による雇用環境の整備……68

⑶介護休暇制度の適用除外対象者の見直し
（育介法16条の5〜7）……68

Q 派遣労働者への適用……70

⑷介護休業をしない者に対する努力義務の措置に
在宅勤務等の措置を追加（育介法24条4項）……71

Q テレワークが不可能な部署にいる従業員への対応……72

7

Contents

2. 令和7年10月1日施行……73

⑴子が3歳から小学校就学までの柔軟な働き方を実現するための措置
（育介法23条の3）……73

Q1　両立支援措置を講じる際の意見聴取の時期……88

Q2　テレワークの頻度……88

Q3　定期的な面談の頻度と内容……89

Q4　無給の養育両立支援休暇の導入……89

⑵妊娠・出産の申し出時や子が3歳に達するまでの適切な時期に実施する、労働者の仕事と育児の両立に係る個別の意向聴取・配慮義務
（育介法21条2項・3項、23条の3第5項・6項）……90

Q1　個別意向聴取の時期……99

Q2　「意向」にはどこまで配慮すべきか……99

❷雇用保険法の改正（令和7年4月1日施行）……… 101

⑴出生後休業支援給付金の創設（雇用保険法61条の10）……101

Q1　同じ子について、2回に分けて休業を取得した場合……117

Q2　産休を挟んで連続して育児休業を取得する場合……117

Q3　配偶者の育児休業の取得有無の確認方法……118

⑵育児時短就業給付金の創設（雇用保険法61条の12）……119

Q1　時短勤務ではなく、一時就業の場合への適用……126

Q2　育児による時短とは無関係の理由で賃金が下がった場合……126

Q3　フルタイムの社員とのバランス……127

❸次世代法の改正（令和7年4月1日施行）……………… 128

(1)一般事業主行動計画の仕組みの見直し（次世代法12条3項）……128

(2)「くるみん」の認定基準の見直し（省令事項）

（次世代則4条、5条の3）……131

Q1　「男性の育児休業等取得率」の算出方法……136

Q2　認定・特例認定に関する経過措置……136

第3章　社内規程・様式・労使協定例

137

❶社内規程・労使協定の追加・改定箇所チェックリスト………………………… 138

[1] 育児・介護休業規程……138

[2] 育児・介護休業等に関する労使協定……139

❷育児・介護休業規程

（令和7年4月1日施行対応版）………………………… 140

❸在宅勤務規程………………………………………… 174

❹育児・介護休業等に関する労使協定

（令和7年4月1日施行対応版）………………………… 181

❺社内様式……………………………………………… 187

❻厚生労働省公表の参考様式………………………… 193

Contents

厚生労働省公表Q&A　　207

❶令和6年改正育児・介護休業法に関するQ&A
（令和7年1月23日時点） ……………………………………… 208

❷令和6年改正次世代育成支援対策推進法に
関するQ&A（令和6年12月19日時点） ……………………… 240

◉法令名等の略語凡例

・育児・介護休業法、育介法→育児休業、介護休業等育児又は家族介護を行う労働者の福祉に関する法律

・育介則→育児休業、介護休業等育児又は家族介護を行う労働者の福祉に関する法律施行規則

・育介指針→子の養育又は家族の介護を行い、又は行うこととなる労働者の職業生活と家庭生活との両立が図られるようにするために事業主が講ずべき措置等に関する指針

・育介通達→育児休業、介護休業等育児又は家族介護を行う労働者の福祉に関する法律の施行について

・育介Q&A→令和6年改正育児・介護休業法に関するQ&A（令和7年1月23日時点）

・均等法→雇用の分野における男女の均等な機会及び待遇の確保等に関する法律

・パート・有期労働法→短時間労働者及び有期雇用労働者の雇用管理の改善等に関する法律

・次世代法→次世代育成支援対策推進法

・次世代則→次世代育成支援対策推進法施行規則

第1章

改正ポイント・新旧対比

第1章　改正ポイント・新旧対比

所定外労働の制限の適用期間延長

育児・介護休業法

☞28ページ

令和7年4月1日施行

● 3歳に満たない子を養育する労働者が請求した場合に適用が義務づけられていた所定外労働の制限措置について、制限の対象範囲が、小学校就学まで（小学校就学の始期に達するまで）の子を養育する労働者まで拡大されました

改正前

子が3歳に達するまで

改正後

子が小学校就学の始期に達するまで

実務ポイント
制度利用の請求時に必要な事項に変更が生じるものではない。したがって、本人からの申出書類として使用する「所定外労働制限請求書」等の書式に関しては、「3歳までの子を養育する場合に利用できる」旨の記載がない限り、内容を変更する必要はない。一方、社内規程については、子の年齢の記載部分について改定が必要

育児・介護休業法

2 子の看護休暇制度の見直し

☞33ページ

令和7年4月1日施行

●取得可能期間（対象期間）の延長とともに、取得事由が拡大されました。それに伴い、名称が「子の看護等休暇」に変更されました。また、労使協定による除外対象者から「勤続6カ月未満の者」が除かれます

改正前

(1)名称：子の看護休暇
(2)対象期間：子が小学校就学の始期に達するまで
(3)取得事由：
　　①負傷し、もしくは疾病にかかった子の世話
　　②疾病の予防を図るために必要な子の世話（予防接種・健康診断）
(4)除外対象（労使協定を締結している場合）：
　　①勤続6カ月未満の者
　　②1週間の所定労働日数が2日以下の者

改正後

(1)名称：子の看護等休暇
(2)対象期間：子が9歳に達する日以後の最初の3月31日まで（小学校第3学年修了まで）
(3)取得事由：以下の事由を追加
　　①学校の休業その他これに準ずる事由に伴う子の世話
　　②子の教育または保育に係る行事への参加
(4)除外対象（労使協定を締結している場合）：「①勤続6カ月未満の者」を削除

実務ポイント

新たに加わった二つの取得事由に係る証明書類の例としては、育介通達にて「保育所等又は学校等からの通知等の写しなどが考えられる」と示されている。子の看護等休暇の申出書に添付して申し出するように案内しておくとよい

13

第1章　改正ポイント・新旧対比

3 子が3歳に達するまでの両立支援措置の拡充

育児・介護休業法

☞39ページ

令和7年4月1日施行

●子が3歳に達するまでの措置として義務づけられている育児短時間勤務措置について、その適用が困難な労働者に対する代替措置の選択肢に、在宅勤務等※が加わりました

※自宅での勤務を基本としつつ、事業主が認める場合にはサテライトオフィス等での勤務も含む

改正前

業務の性質または実施体制上、育児短時間勤務の適用が困難な労働者に対して、①②のいずれかの措置を講じなければならない

①育児休業に関する制度に準ずる措置

②以下のいずれかの措置
- フレックスタイム制の適用
- 時差出勤制度の適用
- 3歳に満たない子に係る保育施設の設置運営その他これに準ずる便宜の供与

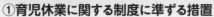

改正後

改正前の②の措置に、以下の措置を追加
- 在宅勤務等の措置

その他、育児短時間勤務に関する望ましい措置、努力義務に関する事項を追加

実務ポイント

業務の性質または実施体制上、育児短時間勤務の適用が困難な労働者を労使協定で定めている会社のうち、除外対象者への代替措置として、新たに在宅勤務等の措置を選択する場合「のみ」社内規程の改定が必要となる

3歳未満の子を持つ労働者に対する努力義務の措置として在宅勤務等を追加

育児・介護休業法

☞44ページ

令和7年4月1日施行

> ● 3歳に満たない子を養育する労働者に対して事業主が講ずべき措置（努力義務）として、新たに在宅勤務等の措置を加えることとされました

改正前

規定なし

改正後

改正前の措置（努力義務）※に加えて、在宅勤務等の措置を講じるよう努めることとされた

※①育児目的休暇の設置、②始業時刻の変更等の措置、③育児休業に関する制度

実務ポイント

あくまで3歳に満たない子を養育するために好ましい柔軟な勤務措置として努力義務化されたものであるため、必ず会社制度として設けなければならないものではない。自社の両立支援に係るニーズや在宅勤務環境等に照らして導入を検討するとよい。なお、法令上、内容・頻度等の基準は設けられていない

5 男性の育児休業取得状況の公表義務対象の拡大

育児・介護休業法

☞47ページ

令和7年4月1日施行

> ●男性の育児休業取得状況（育児休業等の取得率）の公表義務対象が、常時雇用労働者数1000人超の事業主から300人超の事業主に拡大されます

男性の育児休業取得状況の公表義務の対象は、常時雇用労働者数1000人超の事業主

同、常時雇用労働者数300人超の事業主

実務ポイント

常時雇用労働者数が301人から1000人の事業主のみ対応が必要。初年度（令和7年度）の取得率集計期間は、直前の事業年度の令和6年度となる。例えば3月末決算の会社の場合、令和7年6月末に公表する数値を作るため、令和6年度中の取得率を集計する仕組みを設けておく必要がある

6 介護の両立支援制度に関する個別周知・意向確認措置の義務化

育児・介護休業法

☞52ページ

令和7年4月1日施行

●介護に直面した労働者が申し出たとき、両立支援制度の個別周知とその利用に関する意向確認の措置を行うことが義務化されました。また、一定年齢（40歳）に達する労働者に対して、介護休業や両立支援に関する情報提供を行うことも義務づけられました

改正前

規定なし

改正後

(1) 介護対象家族のいる労働者に対して実施する措置
  ・介護休業・介護両立支援制度等※に関する個別周知
  ・上記制度の利用に関する意向確認
    ※①介護休暇、②所定外労働の制限、③時間外労働の制限、
    ④深夜業の制限、⑤所定労働時間の短縮等
(2) 40歳に達する労働者に対して実施する措置
  ・介護休業・介護両立支援制度等に関する情報提供

実務ポイント
・介護に直面する労働者への個別周知を行う際は、同時に意向確認を実施することも想定して周知体制を構築する必要がある。本人から介護に直面した旨の申し出があった時点で、個別周知等を電磁的な方法で行う旨の了承を得て、意向確認のための回答フォームを準備して実施するのが望ましい
・40歳に達する労働者に対する情報提供については、対象者に同時・一斉に実施することでも差し支えない

7 介護休業・介護両立支援制度等の申し出を円滑にするための雇用環境整備の義務化

育児・介護休業法

☞64ページ

令和7年4月1日施行

●労働者が介護休業および介護両立支援制度を円滑に申し出ることができるように、事業主に対して一定の雇用環境整備に関する措置を行うことが義務化されました

改正前

規定なし

改正後

雇用環境整備に関して、以下のいずれか一つの措置を講じなければならない
①介護休業・介護両立支援制度等に関する研修の実施
②介護休業・介護両立支援制度等に関する相談体制の整備
③自社の労働者の介護休業・介護両立支援制度等に関する事例の収集および労働者に対する当該事例の提供
④自社の労働者に対する介護休業・介護両立支援制度等および当該制度の取得の促進に関する方針の周知

実務ポイント
育児に関する雇用環境整備の措置と共通する事項となる。上記③については自社内で介護関係の制度利用者の実績があるかどうかを確認し、新規で事例収集が必要となる。①②④に関しては、現行の育児に関する仕組みをアップデートすることでの対応が想定される。自社の現在の運用を確認した上で実施する措置を決定するのがよい

介護休暇制度の適用除外対象者の見直し

育児・介護休業法

☞68ページ

令和7年4月1日施行

> ●要介護状態の対象家族を有する労働者に認められていた介護休暇について、労使協定による除外対象者から「勤続6カ月未満の者」が除かれます

改正前

除外対象（労使協定を締結している場合に限る）
①勤続6カ月未満の者
②1週間の所定労働日数が2日以下の者

改正後

除外対象（労使協定を締結している場合に限る）
「①勤続6カ月未満の者」を削除

実務ポイント

制度利用の申し出時に必要な申請事項に変更を生じるものではないため、「介護休暇申出書」等の申請書式に関しては内容を変更する必要はない。労使協定については、介護休暇制度の適用除外対象者の定めから「勤続6カ月未満の者」に係る定めの削除が必要

介護休業をしない者に対する努力義務の措置に在宅勤務等の措置を追加

育児・介護休業法

令和7年4月1日施行

● 介護休業を取得しない要介護状態の対象家族を有する労働者に対して、労働者が就業しながら対象家族を介護することを容易にするために、在宅勤務等の措置を講じるよう努めることとされました

改正前

規定なし

改正後

改正前の措置（努力義務）※に加えて、在宅勤務等の措置を講じるよう努めることとされた

※介護休業もしくは介護休暇に関する制度または所定労働時間の短縮等の措置に準じて、介護を必要とする期間、回数等に配慮した必要な措置

実務ポイント

要介護状態の対象家族を介護する労働者に対する在宅勤務等の措置は「努力義務」。よって、在宅勤務を導入した場合でも、対象者を在宅勤務が可能な部署へ異動させることまでは求められない

子が3歳から小学校就学までの柔軟な働き方を実現するための措置

育児・介護休業法

☞73ページ

令和7年10月1日施行

●子が3歳から小学校就学までの柔軟な働き方を実現するための措置として、五つの措置の中から二つ以上の措置を講じなければならないこととされました。併せて、適切な時期に当該措置に関する個別周知・意向確認の措置を講じる必要があります

改正前

規定なし

改正後

(1) 以下の五つの措置から二つ以上の措置を講じなければならない
①始業時刻等の変更（フレックスタイム制または時差出勤制度）／②在宅勤務等／③育児短時間勤務／④新たな休暇制度の「養育両立支援休暇」／⑤保育施設の設置運営等
(2) 子が1歳11カ月に達する日の翌々日から2歳11カ月に達する日の翌日までの間に、(1)で講じた措置に関する周知と制度利用の意向確認を個別に行わなければならない

実務ポイント
・本改正は新たな制度を設ける内容であるため、申出書式も新規で作成する必要がある（189ページ参照）
・既に法令を上回る措置を実施している場合でも、本改正に係る対象措置の最低基準を確実に上回っているかを確認する必要がある

第1章 改正ポイント・新旧対比

11 労働者の仕事と育児の両立に係る個別の意向聴取・配慮義務

育児・介護休業法

☞90ページ

令和7年10月1日施行

> ●①本人または配偶者の妊娠・出産等を申し出た労働者（および②子が3歳に達するまでの適切な時期にある労働者）に対して、就業条件に関する労働者の意向（希望）を聴取し、その希望に配慮しなければならないこととされました

改正前

規定なし

改正後

(1) 上記①②の労働者に対して、個別周知・意向確認と同様の方法[※1]で意向聴取する[※2]

※1：(i)面談（オンライン面談含む）、(ii)書面交付、(iii)ファクシミリの送信、(iv)電子メール等の送信（書面で出力可のものに限る）。(iii)(iv)は本人が希望した場合に限る

※2：聴取すべき事項は、始業・終業時刻、就業の場所、両立支援措置の利用期間、就業の条件（業務量の調整等）

(2) (1)で聴取した意向に配慮して就業条件を決定

実務ポイント

「妊娠・出産等の申し出があったとき」に行う意向聴取では、子の出生後の生活・働き方に関するイメージがなく、自身の就業や制度の利用期間について明確な考えがない場合も想定される。この場合、個別周知・意向確認時に何の説明もなく意向聴取を行うと、必要な情報を得られない可能性もあるため、子や家庭環境等の背景を同時にヒアリングし、併せて本制度によって配慮を行う趣旨も丁寧に説明していくことが、制度の適切な運用には不可欠

雇用保険法

12 出生後休業支援給付金の創設

☞101ページ

令和7年4月1日施行

● 夫婦ともに、子の出生直後の一定期間内に14日以上の育児休業等を取得した場合、育児休業給付金または出生時育児休業給付金に上乗せして出生後休業支援給付金が支給されることとなりました

規定なし

子の出生直後の一定期間内に、被保険者とその配偶者の両方が14日以上の育児休業または出生時育児休業を取得した場合、28日間を上限として休業開始時賃金の13%相当額が出生後休業支援給付金として給付される

実務ポイント
給付金申請の事務を漏れなく効率的に実施するには、配偶者に産後休業・育児休業等の取得予定があるかどうかを休業の申し出時に把握することが重要。厚生労働省モデルの育児休業申出書をアレンジして、その点を確認できるようにする（110ページ参照）。また、配偶者が育児休業または出生時育児休業の取得要件の除外事由に該当していないかのチェック欄も追加しておくとよい

第1章　改正ポイント・新旧対比

雇用保険法

13 育児時短就業給付金の創設

☞119ページ

令和7年4月1日施行

●子が2歳に達するまでの間に育児時短勤務の措置を利用した場合に、「育児時短就業給付金」が支給されることとなりました

改正前

規定なし

改正後

子が2歳に達するまでの間に育児時短勤務の措置を利用したことにより、短時間勤務の開始前と比較して賃金が低下した場合、一定の要件を満たすときには低下後の賃金の最大10%が「育児時短就業給付金」として支給される

実務ポイント

まず、育児時短就業給付に係る対象者をリスト化する必要がある。子の年齢と短時間勤務の開始時期により、対象期間が決定するため、これらの情報をベースに管理表を作成するとよい。また、申請を行う際は支給対象月に係る時短後の賃金を集計する必要がある

14 一般事業主行動計画の仕組みの見直し

次世代法

☞128ページ　　令和7年4月1日施行

●次世代法の有効期限を延長するとともに、一般事業主行動計画の仕組みを見直し、数値目標（育児休業の取得状況、労働時間の状況）の設定を義務づけることとされました

規定なし

一般事業主行動計画の仕組みを見直し、育児休業の取得状況・労働時間の状況について数値目標の設定を義務づける

実務ポイント

数値目標は実数や割合、倍数等、数値を用いるものであればいずれでもよい。計画期間内に達成を目指すものとして、企業の実情に合った水準や設定方法とする。見直し後の仕組み（PDCAサイクル、数値目標）は女性活躍推進法の事業主計画に既に取り入れられており、計画期間を合わせることで、女性活躍推進法と次世代法の計画を共通様式で届け出ることが可能になる

第1章 改正ポイント・新旧対比

15 「くるみん」の認定基準の見直し（省令事項）

次世代則

☞131ページ

令和7年4月1日施行

● 「トライくるみん」「くるみん」「プラチナくるみん」の認定基準の一部が見直されます

改正前

(1) ①男性労働者の育児休業等取得率または②育児休業等・育児目的休暇取得率
- トライくるみん：①7％以上、②15％以上
- くるみん：①10％以上、②20％以上
- プラチナくるみん：①30％以上、②50％以上

(2) 女性労働者の育児休業等取得率が75％以上
——など

改正後

(1) ①男性労働者の育児休業等取得率または②育児休業等・育児目的休暇取得率
- トライくるみん：①10％以上、②20％以上
- くるみん：①30％以上、②50％以上
- プラチナくるみん：①50％以上、②70％以上

(2) 女性労働者および育児休業等の対象となる女性有期雇用労働者の育児休業等取得率が75％以上
——など

実務ポイント

施行日から令和9年3月31日までの2年間の申請は、改正前の基準を適用することができる。申請に係る計画期間が、施行日前後でまたがっている場合、改正後の新基準の適用に当たっては、令和7年3月31日以前の実績は計算期間に含めず、施行日以降の期間のみの実績で算出することも可能

第2章

改正法の主な内容

1 育児・介護休業法の改正

1. 令和7年4月1日施行

[1] 育児関係
(1) 所定外労働の制限の適用期間延長（育介法16条の8）

改正のポイント

3歳に満たない子を養育する労働者が請求した場合に適用が義務づけられていた所定外労働の制限措置について、制限の対象範囲が、小学校就学まで（小学校就学の始期に達するまで）の子を養育する労働者まで拡大されました。

改正前　子が **3歳** に達するまで

改正後　子が **小学校就学の始期** に達するまで

解説

1) 改正の内容

所定外労働とは対象者の所定労働時間を超える労働（＝早出・残業・休日労働等）を指し、本制度はこれを制限（免除）する措置です。したがって、労働者が「所定外労働の制限」の適用を希望した場合、使用者は早出・残業・休日労働等を命じることができないこととなります。言い換えれば「残業免除」の制度です。

政府統計によると、所定外労働の制限措置を「利用している」ま

たは「以前は利用していた」女性正社員の割合は27.1％と、育児短時間勤務制度の51.2％と比較すると低く、また、男性正社員の割合は6.5％にとどまっています。しかし、この統計では同措置を利用したかった（利用したい）との回答が女性正社員で27.6％、男性正社員で23.4％とされており、潜在的なニーズはあると考えられます。

本改正では、［図表1］で示すとおり本制度の対象期間を、対象となる子が「3歳に達するまで」から、「小学校就学の始期に達するまで」に拡大することとされました。なお、「小学校就学の始期に達するまで」とは、対象となる子が6歳に達する日の属する年度（4月1日から翌年3月31日までをいう）の3月31日までをいいます。

実務上では育児短時間勤務制度と比較すると利用者が少ない印象ですが、本改正により、改めて制度が周知されることで、今後、子の出生を控えている人のみならず、既に子が3歳以上になっている人も含めて、申し出が増えることも考えられます。

2）制度の適用

所定外労働時間の制限の適用は、労働者が制限の適用を希望する日の1カ月前までに事業主に以下の事項を申し出ることにより行います。

- 請求する労働者の氏名
- 請求年月日
- 請求に係る子の氏名、生年月日、労働者との続柄等

図表1　所定外労働の制限の改正

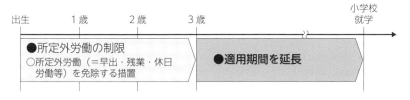

- 制限期間の初日および末日
- 請求に係る子が養子である場合は、当該養子縁組の効力が生じた日

　所定労働時間は、雇用区分（正社員・契約社員・アルバイト等）や個別の労働契約書の規定等により異なります。本制度は所定労働時間を超える労働を制限するものですから、適用する対象者それぞれの所定労働時間を超過することのないように運用する必要があります。

　また、育児短時間勤務制度のほか、令和7年10月1日以降は、後述する **2.**(1)の「子が3歳から小学校就学までの柔軟な働き方を実現するための措置」と併用することも可能です。各種措置の適用により所定労働時間が短縮される場合は、短縮された所定労働時間を超過することのないように運用することとなります。

　なお、育児休業等の取得の有無は、本制度利用の要件となっていません。例えば、子が出生した時点で出生時育児休業や育児休業の取得を想定しない場合であっても、所定外労働の制限のみ利用する（休業せず、フルタイムで働くものの残業は免除という働き方となる）ことも考えられます。

3）終了事由の変更

　所定外労働の制限は、原則として1カ月以上1年以内の期間を定めて、対象者の希望する期間取得することができるとされていますが、一定の事由に該当する場合は、本人の意思にかかわらず適用が終了することになります。本改正により、制度の適用期間が対象となる子が小学校就学の始期に達するまでの期間となったことにより、［図表2］のとおり、②の事由が変更となりました。

　本改正とは直接関係しませんが、育介法には、所定外労働の制限のほかにも「時間外労働の制限」と「深夜業の制限」が設けられて

1 育児・介護休業法の改正

図表2 所定外労働の制限の終了事由

●改正前
①子を養育しないこととなった事由として厚生労働省令で定める事由※が生じたとき
②子が3歳に達したとき
③制限期間中に産前産後休業、育児休業、出生時育児休業または介護休業が開始したとき

→

●改正後
①子を養育しないこととなった事由として厚生労働省令で定める事由※が生じたとき
②子が小学校就学の始期に達したとき
③制限期間中に産前産後休業、育児休業、出生時育児休業または介護休業が開始したとき

※子の死亡、労働者の負傷、疾病等により子を養育することができない状態となった等。

います。本改正で所定外労働の制限の対象期間が「子が小学校就学の始期に達するまで」に延長されたことにより、これらの措置の対象期間が同一となりました［図表3］。

　なお、「所定外労働の制限」と「時間外労働の制限」は適用時の効果が重複してしまうことから、同時に適用することができないこととされています。一方、「深夜業の制限」については、いずれの措置とも同時に適用することが可能です。

図表3 育介法上の勤務制限に関する措置

31

> **実務ポイント**
>
> 本改正は制度の適用範囲を拡大するものですが、制度利用の請求時に必要な事項に変更が生じるものではありません。したがって、本人からの申出書類として使用する「所定外労働制限請求書」等の書式に関しては、「3歳までの子を養育する場合に利用できる」旨の記載がない限り、内容を変更する必要はありません。

Q1：有期雇用労働者のみを適用除外とする労使協定の定め
「有期雇用労働者に限り勤続年数1年未満の場合は適用除外とする」と労使協定を締結することにより、制約を設けることは可能ですか。

A1：雇用区分で除外対象を区別すること自体に法的な規制はありませんが、有期雇用労働者であることのみをもって適用除外とすることは、パート・有期労働法8条の不合理な待遇の禁止に抵触するおそれがあります。

Q2：「事業の正常な運営を妨げる場合」の適用の可否
所定外労働の制限を適用している社員が、大規模なプロジェクトなど事業所にとって重要な業務を担っています。同業務で緊急対応を必要とする事案が発生した場合、「事業の正常な運営を妨げる場合」に該当すると判断し、所定外労働を要請することは可能ですか。

A2：「事業の正常な運営を妨げる場合」に該当するか否かは、その事業所を基準として、当該社員の担当する作業の内容、作業の繁閑、代行者の配置の難易等諸般の事情を考慮して客観的に判断すべきものであり、事業主は通常考えられる相当

な努力をすべきものとされています。単に重要な業務であり緊急であるというだけでは足りず、配慮をしたとしても代行者を配置する等でプロジェクトを行うことが客観的に可能な状況になかったと認められる場合に限って所定外労働を要請することは可能といえるでしょう。

Q3：短時間勤務制度と所定外労働の制限の併用

「小学校就学の始期に達するまでの子」を養育している労働者に対して短時間勤務を認めている場合、その者からの所定外労働の制限の請求にも応じる必要がありますか。

A3：今回の改正により、小学校就学までの子を養育している労働者からの所定外労働の制限の請求に応じる必要があります（義務）。本文の **解説** 2）にも記載のとおり、既に短時間勤務を認めている場合は、所定外労働の制限との併用も認める必要があります。

(2)子の看護休暇制度の見直し（育介法16条の2～4）

改正のポイント

子が小学校就学の始期に達するまでの間に認められていた看護休暇について、名称を改めた上で取得可能期間を延長し、取得事由を拡大することとされました。また、労使協定による除外対象者から勤続6カ月未満の者が除かれます。

改正前	・名称：子の看護休暇 ・対象期間：子が小学校就学の始期に達するまで ・取得事由：負傷し、もしくは疾病にかかった子の世話のため 　疾病の予防を図るために必要な子の

世話※のため
※予防接種・健康診断を受けさせること
- 除外対象※：①勤続6カ月未満の者、②1週間の所定労働日数が2日以下の者
  ※労使協定を締結している場合に限る

- 名称：子の看護等休暇
- 対象期間：子が9歳に達する日以後の最初の3月31日まで（小学校第3学年修了まで）に延長
- 取得事由：以下の事由を追加
  ①学校の休業その他これに準ずる事由に伴う子の世話のため
  ②子の教育または保育に係る行事への参加のため
- 除外対象：「①勤続6カ月未満の者」を削除

1）子の看護休暇とは（改正前の内容）

　対象となる子を養育する労働者は、負傷し、もしくは疾病にかかった子の世話または疾病の予防に必要な世話等を行うために、1年間につき5日（対象となる子が2人以上の場合は10日）の範囲で子の看護休暇を取得することができます。子の看護休暇は暦日単位での取得のほか、始業または終業時刻に連続して、時間単位で取得することができる制度とする必要がある一方、取得対象となる日または時間に対する賃金の支払い義務はありません。

2）対象期間の拡大

　[図表4] で示すとおり、本改正により制度の対象期間が、子が「小

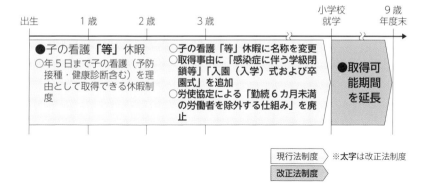

図表4　子の看護休暇の改正

学校就学の始期に達するまで」から「9歳に達する日以後の最初の3月31日（小学校第3学年修了）まで」に延長されることとなりました。

なお、例えば療養のためなどで就学猶予を受けて、小学校の入学が1年遅れた場合であっても、子の看護等休暇を取得可能な期間は、9歳になった年度の終わり（小学校第2学年修了）までとなります。

3) 取得事由の追加および名称の変更

上記2)に加えて、本改正では取得事由に以下の二つの事由が追加されることとなりました。

① 学校保健安全法20条の規定による学校の休業（感染症の予防上必要な学級閉鎖）やその他これに準ずるもの（感染症への感染等に係る学校長による出席停止等）に伴う子の世話のため

② 教育もしくは保育に係る行事（入園式、卒園式、入学式等の式典）への参加のため

これらの事由が追加されたことで、看護「以外」の事由による取得が可能であることを一層明確化する必要があることから、子の看護「等」休暇と名称が改められています。

なお、②の事由には「授業参観や運動会に参加する場合」は含ま

図表5　除外対象（勤続6カ月未満の者）の削除

●改正前
①勤続6カ月未満の者
②1週間の所定労働日数が2日以下の者
※労使協定を締結している場合のみ

●改正後
①1週間の所定労働日数が2日以下の者
※労使協定を締結している場合のみ

れません。本改正により、制度利用者が、保育・学校行事全般への参加のために制度の利用が可能になったと誤認することも考えられますので、丁寧な説明が必要です。

4）除外対象の削除

改正前の子の看護休暇では、労使協定を締結することで、①勤続6カ月未満の者と②1週間の所定労働日数が2日以下の者を、制度の利用対象から除外することができました。本改正では、労働移動に中立的な制度とする等の観点から、「①勤続6カ月未満の者」が除外対象から削除されました［図表5］。

発展

1）育児目的休暇との関係

本改正により取得事由として追加された"式典への参加"については、これまで多くの会社で、「育児目的休暇」等の特別休暇の対象として取り扱われてきました（育介法上は努力義務の扱い）。この点、本改正に伴って、子の看護等休暇の取得事由に追加されたことにより、育児目的休暇の対象と内容が重複することとなる可能性も考えられます。

これら重複した取得事由を子の看護等休暇に一本化して運用する（育児目的休暇の取得事由から式典への参加等を除く）ことも考えられますが、子の看護等休暇が無給の休暇とされ、育児目的休暇が有給の特別休暇として運用されていた場合などは、制度を整理した

ことで労働条件の不利益な変更となってしまう場合もあります。制度の統合・整理を行う場合は、十分留意してください。

2）男性の育児休業等の取得率公表との関連

男性の育児休業等の取得率公表の対象となっている会社については、子の看護等休暇の取得日数を「男性の育児休業等と育児目的休暇の取得割合」の計算対象に含めることができない点に注意が必要です（詳細は後述する「(5)**男性の育児休業取得状況の公表義務対象の拡大**」を参照）。同様に **2.**(1)で解説する措置の一つである養育両立支援休暇も計算対象となりません。

前記 **1）**のとおり、育児目的休暇と改正後の子の看護等休暇は、一部共通の取得事由となる場合もありますが、同一の理由（例えば、卒園式等の式典への参加）で休暇を取得した場合であっても、子の看護等休暇を利用した場合と育児目的休暇を利用した場合とでは、男性の育児休業等の取得率の算出に当たり、集計上の取り扱いが異なることとなります。

●育児目的休暇の意義

改正前：子の看護休暇でカバーできない式典や行事参加のための休暇として利用

改正後：子の看護等休暇と取得事由の一部が重複した休暇となる。ただし、育児目的休暇として取得すれば、引き続き一定規模以上の会社に公表が義務づけられている男性の育児休業等の取得率の計算に含まれる

実務 ポイント ....●

子の看護等休暇の取得に当たって、会社は労働者から取得事由に該当していることを証明するための書類を求めることができるものとされています。新たに加わった二つの取得事由に係る証明書類の例としては、育介通達にて「保育所等又は学校等からの通知等の写しなどが考えられる」と示されているため、子の看護等休暇の申出

書に添付して申し出するように案内しておくことが考えられます。

ただし、子の看護等休暇の申し出をする労働者に過大な負担にならないよう、証明書類の提出が後日となることを認める（証明書類の事前提出がなければ休暇取得を認めないという運用は行わない）など、十分に配慮が必要である点には注意が必要です。

なお、本改正後も制度利用の請求時に必要な申出事項に変更が生じるものではありません。したがって、申出書式の名称を「子の看護等休暇申出書」に変更するだけで足り、書式の内容を変更する必要はありません。

Q1：勤続6カ月以上・所定労働日数が週2日の有期雇用労働者

勤続6カ月以上でも、所定労働日数が週2日の有期雇用労働者については、子の看護等休暇の適用除外としてもよいでしょうか。

A1：今回の改正により、子の看護等休暇の労使協定による適用除外の対象から外されたのは「勤続6カ月未満の者」のみであり、解説 4) に記載のとおり、「1週間の所定労働日数が2日以下の者」については引き続き労使協定を締結することによって適用除外とすることが可能です。

Q2：保育園・小学校の臨時休業時の取得請求

感染症の広がりによって、保育園や小学校が臨時休業となった場合に取得請求があれば、認める必要はありますか。

A2：感染症の広がりや予防のために、保育園や小学校が臨時休業となった場合には、子の看護等休暇の取得を認める必要があります（育介則33条2号）。

> **Q3：学級閉鎖に至る前の取得請求**
> 　感染症が広がる中、学級閉鎖に至る前に自主的に子を休ませた場合でも、請求があった場合は認めなくてはなりませんか。
> **A3：**実際に学級閉鎖等が行われる前に自主的に休ませた場合については、子の看護等休暇を認める必要はありません。

(3) 子が3歳に達するまでの両立支援措置の拡充
（育介法23条2項）

改正のポイント

　子が3歳に達するまでの措置として義務づけられている育児短時間勤務について、その適用が困難な労働者に対する代替措置の選択肢に、在宅勤務等が加わりました。

　本改正は、業務の性質または実施体制上、育児短時間勤務措置の適用が困難な労働者を労使協定で定めている会社のみ、対応が必要となります（ 実務 ポイント 参照）。

改正前　業務の性質または実施体制上、育児短時間勤務の適用が困難な労働者に対して、①②のいずれかの措置を講じなければならない。
①育児休業に関する制度に準ずる措置
②以下のいずれかの措置
- フレックスタイム制の適用
- 時差出勤制度の適用
- 3歳に満たない子に係る保育施設の設置運営その他これに準ずる便宜の供与

上記②に以下の措置を追加
・在宅勤務等の措置
その他、育児短時間勤務に関する望ましい措置、努力義務に関する事項を追加

解説

1）業務の性質または実施体制により、育児短時間勤務の適用が困難な労働者とは

子が3歳に達するまでの間に利用することのできる所定労働時間の短縮措置（いわゆる「育児短時間勤務」）は育児関係の両立支援措置の中でも利用率の高い制度ですが、申出者の従事する業務内容によってはこれを適用することが難しい場合があります。この点について法令は、労使協定を締結した場合に限り、当該業務に従事する者に対して育児短時間勤務の適用を除外することができるとしています［図表6］。

具体的にどのような業務が該当するかについては、育介指針において［図表7］の内容が例示されています。ただし、いずれもあくまで例示であるため、これら以外は困難と認められる業務に該当しないというものではありません。

図表6　法令・労使協定に基づく育児短時間勤務の適用除外者

除外根拠／制度名	育児短時間勤務
法　令	1日の所定労働時間が6時間以下の者
労使協定	①入社1年未満の者 ②所定労働日が週2日以下の者 ③業務の性質または実施体制に照らして取得が困難と認められる業務に従事する者 ※労使協定による除外は、協定を締結している場合のみ有効となる

1　育児・介護休業法の改正

図表7　育児短時間勤務の適用が困難と認められる業務の具体例

困難と認められる業務	業務の具体例
業務の性質に照らして、制度の対象とすることが困難と認められる業務	国際路線等に就航する航空機において従事する客室乗務員等の業務
業務の実施体制に照らして、制度の対象とすることが困難と認められる業務	労働者数が少ない事業所において、当該業務に従事し得る労働者数が著しく少ない業務
業務の性質および実施体制に照らして、制度の対象とすることが困難と認められる業務	①流れ作業方式による製造業務であって、短時間勤務の者を勤務体制に組み込むことが困難な業務 ②交替制勤務による製造業務であって、短時間勤務の者を勤務体制に組み込むことが困難な業務 ③個人ごとに担当する企業、地域等が厳密に分担されていて、他の労働者では代替が困難な営業業務

2）業務の性質等により、育児短時間勤務ができない場合の代替措置

　上記1）に示した業務の性質等により、育児短時間勤務の適用対象外とされた労働者に対しては、これに代わる措置を定められた内容から選んで講じる必要があります。本改正では、［図表8］のとおり、労働者が就業しつつその子を養育することを容易にするために、在宅勤務等の措置を当該代替措置の選択肢に追加することとされました。ただし、あくまで育児短時間勤務ができない場合の「代替措置の選択肢に加わる」という改正であるため、必ずしも在宅勤務を代替措置として選択しなければならないわけではありません。

●**改正後の代替措置**（下線は改正箇所）
　以下の①②いずれかの代替措置を講じなければならない。
①育児休業に関する制度に準ずる措置
②以下のいずれかの措置
　● フレックスタイム制の適用

第 2 章　改正法の主な内容

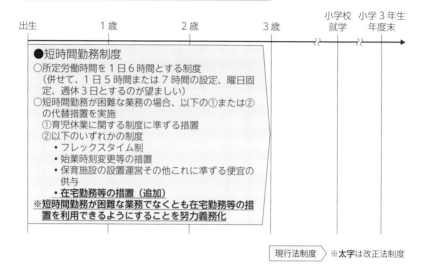

図表 8　育児短時間勤務ができない場合の代替措置

- 時差出勤制度の適用
- 3歳に満たない子に係る保育施設の設置運営その他これに準ずる便宜の供与
- 在宅勤務等の措置

> 発展

本改正では、[図表 8]のとおり、育児短時間勤務制度に関しても新たに幾つかの措置が望ましいものとして示されました（育介指針第 2 の 9(3)）。ただし、いずれも義務規定ではないため、労働者のニーズや自社の人員体制・状況に照らして必要・可能な範囲での制度改定を検討すればよいことになります。

改めて育児短時間勤務制度をまとめると、次のとおりになります。

●育児短時間勤務制度（下線は改正箇所）
　原則として所定労働時間を 6 時間とする措置を含むものとしな

ければならない

→以下の措置等を併せて講ずることが望ましい
- 所定労働時間を1日5時間または7時間とする措置
- 1週間の所定労働時間を短縮する曜日を固定する措置
- 週休3日とする措置

実務 ポイント

本改正内容を育児・介護休業規程に反映する必要があるのは、[図表9]で示すフローチャートで「規程改定の対象」となる会社のみです。育児短時間勤務の適用除外を労使協定で定めていない場合や、自社の労使協定の内容、代替措置に関する方針によっては規程の改定が不要な場合があるため、まずは[図表9]のフローチャートで改定作業の要否を確認してください。

図表9 改正対応の必要な事業主

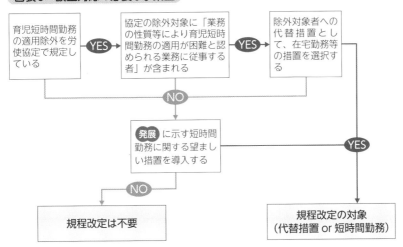

第2章　改正法の主な内容

Q：3歳までの子を養育する労働者がいない場合
　3歳までの子を持つ労働者がいない場合でも、制度の整備に努めなければなりませんか。

A：本改正内容はあくまで「努力義務」ですので、必ずしも整備する必要はありません。また、法改正時点で3歳までの子を持つ労働者がいない場合でも、労働者が3歳未満の子を養子に迎えたり、新たに3歳未満の子がいる労働者を採用したりする可能性もあることから、そのような社員のニーズに応える必要があるかどうかも含めて制度整備の要否を検討する必要があるでしょう。

(4) 3歳に達するまでの子を養育する労働者に対する努力義務の措置に在宅勤務等の措置を追加（育介法24条2項）

改正のポイント

　3歳に満たない子を養育する労働者に対して事業主が講ずべき措置（努力義務）として、新たに在宅勤務等の措置を加えることとされました。

| 改正前 | 規定なし |

| 改正後 | 改正前の措置（努力義務）に加えて、以下の労働者に対して在宅勤務等の措置を講じるよう努めることとされた。
・3歳に満たない子を養育する労働者 |

1 育児・介護休業法の改正

育児に関する休業および両立支援の措置には、子の年齢に応じて育介法により義務とされている制度以外に、努力義務として望ましい制度が示されているものがあります［図表10］。本改正ではこれ

図表10　子の年齢に応じた両立支援措置における努力義務規定

①改正前から規定されている努力義務

対象者	措置の内容
小学校就学の始期に達するまでの子を養育する労働者	育児目的休暇の設置
1歳（保育所に入所できない等の特別な事情がある者は1歳6カ月または2歳）までの子を養育する労働者のうち育児休業をしていない者	始業時刻の変更等の措置
1歳（保育所に入所できない等の特別な事情がある者は1歳6カ月または2歳）から3歳に達するまでの子を養育する労働者	• 育児休業に関する制度 • 始業時刻の変更等の措置
3歳から小学校就学の始期に達するまでの子を養育する労働者	• 育児休業に関する制度 • ~~所定外労働の制限に関する制度~~**（前記「(1) 所定外労働の制限の適用期間延長」に係る改正により削除）** • 所定労働時間の短縮措置または始業時刻変更等の措置（後述する「子が3歳から小学校就学までの柔軟な働き方を実現するための措置」に係る改正により削除〈令和7年10月～〉）

②本改正により追加となる努力義務

対象者	措置の内容
3歳に満たない子を養育する労働者のうち育児休業をしていない者	在宅勤務等の措置

までの措置に加えて、新たに在宅勤務等の措置を努力義務に加えることとされました。

本改正による措置は、あくまで3歳に満たない子を養育するために好ましい柔軟な勤務措置として規定されたものであるため、必ず会社制度として設けなければならないものではありません。自社の両立支援に係るニーズや在宅勤務環境等に照らして導入を検討してください。なお、法令上、内容・頻度等の基準は設けられていません。

Q：就業環境の整備を要件とする場合

テレワークの導入に当たり、就業時間中は保育サービス等を利用して業務に集中できる環境が整備されていることを要件とすることはできますか。

A： 3歳未満の子を養育する労働者に対するテレワークの導入については、あくまで「努力義務」ですので、テレワーク環境の整備を要件として利用できる制度としても問題はありません。

しかし、令和7年10月1日から義務化される3歳以降小学校就学までの子を養育する労働者に対する選択的措置としてテレワークを選択する場合には、当該制度の導入が法令上の「義務」となりますので、会社が任意にテレワークの措置を利用するための要件を付することはできません（保育サービス利用を前提とする要件を撤廃しなければなりません）。

「3歳に達するまで」と「3歳以降小学校就学まで」の間で、テレワーク利用に関する条件を異なるものとするときは、運用上の注意が必要です。

(5)男性の育児休業取得状況の公表義務対象の拡大
（育介法22条の2）

> **改正のポイント**
>
> 　男性の育児休業取得状況（育児休業等の取得率）の公表義務対象が、常時雇用労働者数1000人超の事業主から300人超の事業主に拡大されます。
> 　本改正は、常時雇用労働者数が301人から1000人の事業主のみ対応が必要となります。

改正前	男性の育児休業取得状況の公表義務の対象は、常時雇用労働者数 <u>1000人超</u> の事業主

改正後	同、常時雇用労働者数 <u>300人超</u> の事業主

 解説

1）改正の内容

　令和5年4月1日より、常時雇用する労働者数※が1000人を超える企業は、対象事業年度における男性の育児休業取得状況の公表が義務づけられました。本改正では、この取得率公表の対象となる事業主が常時雇用労働者数300人超の企業に拡大されます。

　公表は公表前事業年度終了後速やかに（おおむね3カ月以内に）インターネットの利用等により行わなければならないこととされており［図表11］、例えば自社のホームページ上での公開や、厚生労働省のウェブサイト「両立支援のひろば」（https://ryouritsu.mhlw.go.jp）などが利用されています。

※常時雇用する労働者数：期間の定めなく雇用される者の人数＋有期雇用労働者または日雇労働者であっても過去1年以上雇用されている者および1年以上の雇用が見込まれる者の人数。

第2章　改正法の主な内容

図表11　本改正により公表対象となった場合の初回公表期限

事業年度末 （決算時期）	初回公表期限	事業年度末 （決算時期）	初回公表期限
3月	令和7年 6 月末	9月	令和7年12月末
4月	令和7年 7 月末	10月	令和8年 1 月末
5月	令和7年 8 月末	11月	令和8年 2 月末
6月	令和7年 9 月末	12月	令和8年 3 月末
7月	令和7年10月末	1月	令和8年 4 月末
8月	令和7年11月末	2月	令和8年 5 月末

2）取得率の計算方法

　育児休業取得状況は、次の①②のどちらかを選択して公表する必要があります。

①男性の育児休業等の取得割合

②男性の育児休業等と育児目的休暇の取得割合

　なお、公表する割合の計算式は［図表12］のとおりです（計算後、小数第2位以下切り捨て）。

3）公表対象となるかの判断

　本改正が適用した時点で常時雇用労働者数が300人以下の場合でも、以後、事業年度の途中で対象者が300人を超えた時点で公表の義務が発生します。具体的には常時雇用労働者数が300人を超えた日が属する事業年度に、直前の事業年度の状況を公表することになります。

実務 ポイント ··●

1）公表対象となる初年度の集計

　本改正により公表の対象となる会社について、初年度（令和7年度）の取得率集計期間は、直前の事業年度の令和6年度となります。例えば3月末決算の会社の場合、令和7年6月末に公表する数値を

1　育児・介護休業法の改正

図表12　公表する割合の計算式

①男性の育児休業等の取得割合		②男性の育児休業等と育児目的休暇の取得割合
公表日直前の事業年度においてその雇用する男性労働者のうち育児休業等※1をした者の数	または	公表日直前の事業年度においてその雇用する男性労働者のうち育児休業等をした者の数＋育児を目的とした休暇制度※2を利用した者の数（小学校就学の始期に達するまでの子を養育する男性労働者に限る）

公表日直前の事業年度において、事業主が雇用する男性労働者であって、配偶者が出産した者の数

※1　育児休業等：育介法に規定する育児休業・出生時育児休業および同法23条2項および24条1項の規定により設けた育児休業に準ずる休業制度（短時間勤務の代替として設けた育児休業、法定期間を超える努力義務としての育児休業）のすべてを含む。

※2　育児を目的とした休暇制度：育児を目的とするものであることが明らかにされている休暇制度（育児休業等、(2)で解説した子の看護等休暇、および令和7年10月1日以降は、後述の**2.**(1)で解説する子が3歳から小学校就学までの柔軟な働き方を実現するための措置の一つである養育両立支援休暇は除く）

作るため、令和6年度中の取得率を集計する仕組みを設けておく必要がありますので、改めてご確認ください。

2)詳細情報や補足的情報の同時公表

　男性の育児休業取得率を公表するに当たっては、共通の計算方法で算出した数値を公表した上で、当該数値に関連して、より詳細な情報や補足的な情報を任意に公表することができることとなりました。

　例えば以下のような状況があった場合、 解説 2) の計算方法によれば、公表の対象となる年度の育児休業の取得率は50％となります。

- 集計の対象となる年度内に配偶者が出産した男性労働者は2人だった

49

第2章　改正法の主な内容

- ただし、うち1人が育児休業を取得したのは集計の対象となる年度の翌年度だった

※2人とも育児休業は取得しているが、1人は公表対象の年度、もう1人はその翌年度が育児休業の開始日の属する年度だった

　よって、補足的情報として、分母となる男性労働者が2人であったことや、もう1人に関しては翌年度に育児休業を取得していることなどを付記することが考えられます。

　なお、詳細・補足的情報として何らかの数値を公表する際は、当該数値のみでなく、その算出方法についても併せて説明することが適切とされています。

3）集計上の注意点

　改正内容とは直接関係しませんが、本改正により初めて男性の育児休業取得率を算出する際は、［図表13］のような間違いやすい点があるため、注意して計算を行ってください。

図表13　男性の育児休業取得率を算出する上で間違いやすい点

項　目	内　容
分割して取得した休業等の扱い	育児休業、出生時育児休業を分割して取得した場合や、育児目的休暇と育児休業等を両方取得した場合でも、当該休業・休暇が同一の子に対して取得したものである場合は、1人として数える（単純に育児休業や育児目的休暇を取得した回数をカウントすることはできない）。
複数年度にまたがる休業等の扱い	事業年度をまたがって育児休業等を取得した場合は、休業を開始した日の属する事業年度の取得としてカウントする。また、複数年度に分割して育児休業や育児目的休暇を取得した場合は、最初の休業または休暇のみを計算の対象とする。
子の死亡・退職の扱い	子が死亡した場合や、公表日直前の事業年度の末日において退職している者は、分母および分子の対象から除外して計算する。

1 育児・介護休業法の改正

Q1：非正規雇用労働者が中心の企業の場合
　パートタイマー等の非正規雇用労働者が従業員数の大半を占める企業です。この場合でも、従業員数が「300人」を超えていれば、男性の育児休業取得状況の公表義務がありますか。

A1：公表における従業員数については、正規・非正規といった雇用形態を問いません。パートタイマー等であっても、解説 1) に記載のとおり、①無期雇用の者、②有期雇用や日々雇用でも1年以上雇用されている者または雇用される見込みがある者は300人のカウントに含まれますので、その結果、正規・非正規を合わせて300人を超えていれば公表義務の対象となります。

Q2：事業年度の途中で「300人」を超えたり、下回ったりする場合の公表義務
　事業年度の途中で、一時的に従業員数が「300人」を超えたものの、大部分の期間が「300人」以下にとどまっていた場合でも、公表する義務がありますか。

A2：従業員数が事業年度の途中で「300人」を超えた場合には、その時点で公表の義務が課されることになり、大部分の期間が「300人」以下であったとしても変わることはありません。解説 3) に記載のとおり、常時雇用する労働者数が300人を超えた日が属する事業年度の直前の事業年度の状況を公表する義務があります。

Q3：公表時期が遅れてしまった場合のペナルティー
　「公表前事業年度終了後、おおむね3カ月以内に公表」とのことですが、仮に公表がそれよりも遅くなってしまった場合、罰則等のペナルティーはありますか。

51

A3：公表時期が遅れてしまったことに対して直接的な罰則はありませんが、規定の違反に対して厚生労働大臣から報告を求められたり、助言・指導・勧告の対象となる可能性があります（育介法56条）。さらに勧告に従わなかったときには、その旨が公表される場合があります（育介法56条の2）。

[2] 介護関係
(1) 介護に直面した労働者への両立支援制度に関する個別周知・意向確認措置の義務化（育介法21条2項・3項）

改正のポイント

介護を必要とする家族が生じた労働者が申し出たとき、個別の制度周知（個別周知）およびその利用に関する意向の確認（意向確認）の措置を行うことが義務化されました。また、介護に直面する前の一定年齢（40歳）に達する労働者に対して、介護休業や各種両立支援に関する情報提供を行うことが義務づけられました。

改正前　規定なし

改正後
① 介護対象家族のいる労働者に対して実施する措置
- 介護休業および介護両立支援制度等※に関する個別周知
- 上記制度の利用に関する意向確認

※①介護休暇、②所定外労働の制限、③時間外労働の制限、④深夜業の制限、⑤所定労働時間の短縮等

② 40歳に達する労働者に対して実施する措置
- 介護休業および介護両立支援制度等に関する情報提供

1 育児・介護休業法の改正

1）制度の概要

令和4年4月1日施行の育介法改正により、本人または配偶者の妊娠・出産等を申し出た労働者に対しては、育児休業制度等に関する事項について個別周知、および制度利用の意向確認をしなければならないこととされました。

本改正はこの仕組みを参考に設けられた介護バージョンの個別周知・意向確認の措置です。具体的には、介護に直面した労働者が各種両立支援制度等を利用しないまま介護離職に至ることを避けるために、介護の対象家族が生じたことを申し出た労働者に対して、定められた事項を周知するとともに、その制度の利用に関する意向を確認することとされました。

また、介護は実際にその状況に直面するよりも早期に情報を取得することが重要であるという考えから、介護保険の第2号被保険者となる40歳に達するタイミングで、一律に情報提供することが義務づけられました。ただし、一律の情報提供であることから、本人に対して意向確認を実施することまでは求められていません。

以上の内容をまとめると、［図表14］のようになります。

40歳に達する労働者への情報提供の措置については、実際に介護の必要な状況に直面する（介護の対象家族が生じる）前の労働者に対して事業主側から一斉に情報提供することが義務づけられてい

図表14 介護離職防止のための個別周知・意向確認等

対象（実施時期）	実施の必要がある措置	周知のきっかけ
①介護に直面した（介護の対象家族が生じた）ことを申し出た労働者	・個別周知 ・意向確認	本人からの申し出（個別把握）
②40歳に達する労働者	・情報提供	会社の人事情報から抽出（事前把握可能）

第2章　改正法の主な内容

るため、周知対象となる労働者を事前に特定・把握し、準備しておく必要があります。また、後述するように、介護に関する周知・情報提供事項は妊娠・出産等の周知に比べると、対象となる項目が多く設定されています。

2) 周知の内容

　介護に関する個別周知・情報提供の対象となっている項目を妊娠・出産等に関する個別周知事項と比較すると、[図表15]のとおりとなります。

　介護に関する個別周知は、介護休暇等の休業以外の両立支援措置に関しても、介護休業の制度と併せて網羅的に周知することが求められています。これは、介護に関する制度は介護の対象家族が生じた際にどの制度を利用するかを本人が判断し選択することから、すべての休業・両立支援措置をあらかじめ把握してもらう必要があるための取り扱いと考えられます。

図表15　妊娠・出産等に関する個別周知事項との比較

●介護に直面した労働者へ個別周知または40歳に達する労働者に情報提供すべき事項	●妊娠・出産等の申し出をした労働者に周知すべき事項
• 介護休業に関する制度 • 介護休暇に関する制度 • 所定外労働の制限に関する制度 • 時間外労働の制限に関する制度 • 深夜業の制限に関する制度 • 介護のための所定労働時間の短縮等の措置 • 上記制度の申し出先 • 介護休業給付金に関すること	• 育児休業、出生時育児休業に関する制度 • 上記制度の申し出先 • 育児休業給付および出生時育児休業給付に関すること • 育児休業、出生時育児休業期間中に負担すべき社会保険料の取り扱い

人事部門の担当者としては、各制度の取得可能期間、日数、賃金・人事制度上の取り扱い等をしっかりと説明し、本人が適切な制度を選択・利用できるように支援する必要があります。

3）介護関係制度の全体像

周知対象となる介護休業および介護両立支援に関する措置を改めてまとめると、[図表16]のようなイメージになります。介護の対象家族が生じた際には、大きく分けると「介護休業を取得する」「その他の介護両立支援措置を利用する（休業せずに勤務を継続する）」という二つの選択肢があります。本人への制度説明に当たっては、各制度の取得可能期間・日数・回数等をしっかりと伝える必要があります。短時間勤務等の措置に関しては、法律上の最低限の義務を果たす制度とした場合（3年間・2回まで）、制度の利用開始日から一定期間を経過すると、同一の対象家族に係る申し出ができなくなってしまうため、特に注意を要します。

4）個別周知・意向確認および情報提供の方法

介護に関する個別周知・意向確認および情報提供の措置に関しても、妊娠・出産等の申し出があった場合と同様に［図表17］の方法で実施しなければなりません。

5）改正法施行日前後の取り扱い

介護に直面した労働者に対する個別周知・意向確認は、本改正法施行日（令和7年4月1日）以降に介護の対象家族が生じたことを申し出た者にのみ、本取り扱いの対象とすることで問題ありません。

発展 ‥‥‥‥‥‥‥‥‥‥‥‥‥‥‥‥‥‥‥‥‥‥‥‥‥‥‥‥‥‥‥‥‥‥‥‥•

1）介護に直面した労働者に対する個別周知・意向確認の実施時期

個別周知・意向確認の具体的な実施時期に関しては、例えば介護休業の開始希望日の1カ月以上前に本人から介護に直面した旨の申し出があった場合は、介護休業の申出期限とされている休業開始日の2週間前までに措置を行うことが必要とされています（育介通

第2章　改正法の主な内容

図表16　介護関係制度の全体像

【利用可能な制度】

	要介護状態に該当している期間			【制度の説明】
	休業①	休業②	休業③	
介護休業				・対象家族1名につき合計93日まで ・3回まで分割可能
介護休暇	取得可能（5日／年まで）	取得可能（5日／年まで）	取得可能（5日／年まで）	・対象家族1名で5日／年まで（2名以上で10日／年） ・時間単位での取得可能
所定外労働の制限	適用可能	適用可能	適用可能	・所定外労働（＝早出・残業・休日労働等）を免除 ・要介護状態の期間中は何度でも適用可能
時間外労働／深夜業の制限	適用可能	適用可能	適用可能	・法定時間外労働を24時間／月、150時間／年までに制限 ・深夜労働（午後10時～午前5時の労働）を免除 ・要介護状態の期間中は何度でも適用可能
短時間勤務等の措置	適用可能（開始から3年以上の期間で2回以上）	適用可能（←3年→）		・短時間勤務、フレックス、時差出勤、費用助成のいずれか ・利用開始から3年以上の期間で2回以上適用可能

56

1 育児・介護休業法の改正

図表17 個別周知・意向確認・情報提供の方法

A	面談（オンライン面談含む）
B	書面交付
C	ファクシミリの送信
D	電子メール等の送信（書面で出力ができるものに限る）

※C、Dによる個別周知・意向確認については、労働者が希望する場合に限られます（情報提供に関しては、労働者が希望する場合に限られません）。

達）。それ以降に申し出がされた場合は申出日から1週間以内など、できる限り早い時期に措置を行うよう運用することが必要です。

2)40歳に達する労働者への情報提供の時期

　介護に直面した労働者への個別周知・意向確認とは異なり、40歳に達する労働者への情報提供は一律に実施時期が決定することとなるため、雇用する労働者の人数が多い場合、同時期に相当数の対象者が生じることが想定されます。

　法令は会社の一律の措置の実施を想定し、当該情報提供の実施時期を以下のいずれかの区分で実施することと定めています（育介則69条の11）。

- 40歳に達した日の属する年度※の初日から末日までの期間
- 40歳に達した日の翌日から起算して1年間

※年度は事業主が別段の定めをする場合を除き、4月1日から翌年3月31日まで。

　どちらの期間を基準にして対象者を抽出しても差し支えありませんので、他の人事研修等の実施体制、採用方式（新卒一括、中途採用中心等）により効果的と思われる手段を選択してください。なお、育介Q&Aによると、提供内容・方法が適切なものである限り、対象者に同時・一斉に実施することでも差し支えないものとされています。オンライン面談（研修）等の効率的な実施手順も想定に入れながら、対象者に確実に情報提供ができるように管理体制を検討・構築してください。

3)個別周知等の際に望ましいとされている取り扱い

　個別周知・情報提供に当たっては、各種制度の趣旨（情報提供の場合は介護保険制度）についても併せて伝えることが望ましいものとされました。

　特に介護休業は、制度趣旨として「介護実施体制を構築するために一定期間休業する場合に利用するもの」と位置づけられていますが、一般的には「介護に専念するための期間＝介護を行っている期間は休業するべき」と理解されてしまっていることが多いようです。各種介護休業・両立支援制度本来の目的・趣旨を適切に伝え、利用を促していく必要性がある故の措置と考えられます。

　また、介護休業・両立支援制度の利用には介護保険に関する内容を把握することが効果的なことから、介護保険の情報も同時に伝えることが望ましいものとされました。この点、育介Ｑ＆Ａにおいては介護保険制度を知らせるためのリーフレットを、次のとおり示しています。

> **●介護保険制度について**　40歳になられた方（第2号被保険者）向けリーフレット
>
> （4枚版）
> 　https://www.mhlw.go.jp/content/12300000/001238058.pdf
> （2枚版）
> 　https://www.mhlw.go.jp/content/12300000/001238060.pdf

　ただし、介護保険制度は直接的に会社の人事部門で保険手続きを実施するものではないことや、その運営が各自治体で行われていることからも、会社の人事担当者や社会保険担当者が保険に関する十分な知識を持ち合わせていない状況が考えられます。

　各種両立支援制度の利用時期等を決定・選択するための重要な要素となる保険制度に関する情報提供を行うこととなるため、上記リーフレットを示しつつ、詳細は居住自治体の支援窓口で確認するように促すなど慎重な対応が必要です。

4）出向労働者の取り扱い

出向者のうち、特に在籍出向契約の関係にある労働者の雇用管理は、出向先が行う場合・出向元企業が行う場合のどちらも考えられます。育介 Q&A によれば、在籍出向者に対する個別周知・意向確認は、賃金の支払いや労働時間管理等をどのように分担して行っているかをベースに、ケースごとに判断することとされています。

出向の実態にもよりますが、出向元・出向先のどちらの育児・介護休業規程が適用されているか、実際に該当事由が発生して休業となった場合に出向が解除されるようなルールになっているか、などを勘案して労働者が実際に利用する制度に関する情報を得られるように配慮することが望ましいでしょう。

実務 ポイント

1）意向確認の実施を想定した制度設計を

介護に直面する労働者への個別周知を実施する際は、同時に意向確認を実施することも想定して周知体制を構築する必要があります。

意向確認は本人からの回答が必要になる上、 解説 4）で示したとおり、これらをファクシミリや電子メール等の送信（電磁的な方法）で行う場合は、本人の希望が必要となります。本人から介護に直面した旨の申し出があった時点で、個別周知等を電磁的な方法で行う旨の了承を得て、意向確認のための回答フォームを準備して実施するのが望ましいでしょう。

既に妊娠・出産等に関する申し出を行った者に対する同様の措置の実施体制が設けられていることと思いますが、改めて自社のワークフロー、人事管理システム等の仕様を確認して、可能な限り効率的な運用ができるよう検討いただければと思います。

2）常時介護を必要とする状態に関する判断基準

本改正と直接関係するものではありませんが、個別周知・情報提供においては、各種休業・両立支援に関する制度の周知と併せて、

育介法における「要介護状態＝常時介護を必要とする状態」に関する判断基準を示すことは非常に重要と考えられます。

　育介法上の要介護状態は介護保険における要介護認定とは異なる基準により判断されるものですが、実際に介護関係制度を利用する労働者にとって、どのような場合に自身が制度を利用することができるかを判断するのは難しいものです。特にまだ実際に介護に直面していない40歳到達時の情報提供においては、[図表18]のように当該基準を示して理解を促すことは、制度の適切な利用の促進と介護離職の防止に重要な役割を果たすものと思われます。なお、当該基準は本改正の施行に伴い発出された育介通達により、障害児・者を介護・支援する場合を含むことが明確化されるなど、内容の見通しが行われています。

　また、要介護状態は必ずしも高齢の家族・親族に対してのみ該当するものではありません。[図表19]のとおり配偶者や子ども、兄弟姉妹も範囲に含まれることを、改めてしっかりと周知することも考えられるでしょう。

Q1：本人から申し出がない場合の個別周知義務の適用
　本人から申し出がなかった場合でも、個別周知を行う必要はありますか。

A1：原則としては、本人から介護に直面しているという申し出がなければ個別周知を行う必要はありません。ただし、例えば介護休暇の申し出があった場合など、制度の利用に関する申請があったことにより対象者が介護に直面していることを把握する場合もあります。このような場合に個別周知を行うことは考えられます。

1 育児・介護休業法の改正

図表18　常時介護を必要とする状態に関する判断基準

　介護休業は対象家族（注1）であって2週間以上の期間にわたり常時介護を必要とする状態にあるもの（障害児・者や医療的ケア児・者を介護・支援する場合を含む。ただし、乳幼児の通常の成育過程において日常生活上必要な便宜を供与する必要がある場合は含まない。）を介護するための休業で、常時介護を必要とする状態については、以下の表を参照しつつ、判断することとなります。ただし、この基準に厳密に従うことにとらわれて労働者の介護休業の取得が制限されてしまわないように、介護をしている労働者の個々の事情にあわせて、なるべく労働者が仕事と介護を両立できるよう、事業主は柔軟に運用することが望まれます。
　「常時介護を必要とする状態」とは、以下の(1)または(2)のいずれかに該当する場合であること。
(1)項目①～⑫のうち、状態「2」が2つ以上または「3」が1つ以上該当し、かつ、その状態が継続すると認められること。
(2)介護保険制度の要介護状態区分において要介護2以上であること。

項目＼状態	1（注2）	2（注3）	3
①座位保持（10分間一人で座っていることができる）	自分で可	支えてもらえればできる（注4）	できない
②歩行（立ち止まらず、座り込まずに5m程度歩くことができる）	つかまらないでできる	何かにつかまればできる	できない
③移乗（ベッドと車いす、車いすと便座の間を移るなどの乗り移りの動作）	自分で可	一部介助、見守り等が必要	全面的介助が必要
④水分・食事摂取（注5）	自分で可	一部介助、見守り等が必要	全面的介助が必要
⑤排泄	自分で可	一部介助、見守り等が必要	全面的介助が必要
⑥衣類の着脱	自分で可	一部介助、見守り等が必要	全面的介助が必要
⑦意思の伝達	できる	ときどきできない	できない
⑧外出すると戻れないことや、危険回避ができないことがある（注6）	ない	ときどきある	ほとんど毎回ある
⑨物を壊したり衣類を破くことがある	ない	ときどきある	ほとんど毎日ある（注7）
⑩周囲の者が何らかの対応を取らなければならないほどの物忘れなど日常生活に支障を来すほどの認知・行動上の課題がある（注8）	ない	ときどきある	ほとんど毎日ある
⑪医薬品又は医療機器の使用・管理	自分で可	一部介助、見守り等が必要	全面的介助が必要
⑫日常の意思決定（注9）	できる	本人に関する重要な意思決定はできない（注10）	ほとんどできない

(注1)「対象家族」とは、配偶者、父母、子、配偶者の父母、祖父母、兄弟姉妹、孫をいうものであり、同居の有無は問わない。
(注2) 各項目の1の状態中、「自分で可」には、福祉用具を使ったり、自分の手で支えて自分でできる場合も含む。
(注3) 各項目の2の状態中、「見守り等」とは、常時の付き添いの必要がある「見守り」や、認知症高齢者、障害児・者の場合に必要な行為の「確認」、「指示」、「声かけ」等のことである。
(注4)「①座位保持」の「支えてもらえればできる」には背もたれがあれば一人で座っていることができる場合も含む。
(注5)「④水分・食事摂取」の「見守り等」には動作を見守ることや、摂取する量の過小・過多の判断を支援する声かけを含む。
(注6)「危険回避ができない」とは、発達障害等を含む精神障害、知的障害などにより危険の認識に欠けることがある障害児・者が、自発的に危険を回避することができず、見守り等を要する状態をいう。
(注7) ⑨3の状態（「物を壊したり衣類を破くことがほとんど毎日ある」）には「自分や他人を傷つけることがときどきある」状態を含む。
(注8)「⑩認知・行動上の課題」とは、例えば、急な予定の変更や環境の変化が極端に苦手な障害児・者が、周囲のサポートがなければ日常生活に支障を来す状態（混乱・パニック等や激しいこだわりを持つ場合等）をいう。
(注9)「⑫日常の意思決定」とは、毎日の暮らしにおける活動に関して意思決定ができる能力をいう。
(注10) 慣れ親しんだ日常生活に関する事項（見たいテレビ番組やその日の献立等）に関する意思決定はできるが、本人に関する重要な決定への合意等（ケアプランの作成への参加、治療方針への合意等）には、支援等を必要とすることをいう。

資料出所：厚生労働省「育児・介護休業法　令和6年（2024年）改正内容の解説」

図表19 介護休業の対象家族の範囲

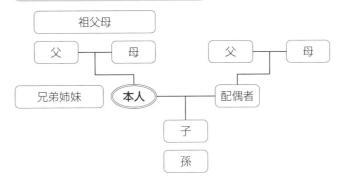

Q2：意向確認時に労働者から明確な回答がない場合

意向確認に当たって、介護休業等を取得するか否かについて、労働者から明確な回答がない場合は、どのように対応すればよいでしょうか。

A2：意向確認については、まずは意向確認のための働きかけを行えばよい（育介指針第2－5の3(2)）とされていますので、制度の取得等について明確な回答を得ることまでは求められていません。とはいえ、本人から何も連絡がないと運用が困難となるため、例えば、厚生労働省が公表する「個別周知・意向確認書記載例」にあるとおり、「（制度利用の有無について）検討中」のような選択肢を設け、その時点で介護休業等の取得が未定である旨を示してもらえるような様式とするなどの工夫をするとよいでしょう。

Q3：制度の利用を強く推奨すること

個別の周知・意向確認を行う際に、両立支援制度の利用を強く推奨しても問題ないでしょうか。

A3：介護のための両立支援制度の利用に関しては、本人から

の申し出に基づくことが原則です。両立支援制度の利用を推奨すること自体は問題ありませんが、申し出がないにもかかわらず制度利用を強制することはできません。

Q4：両立支援制度等に関する情報提供の方法

介護に直面する前の早い段階（40歳等）での情報提供義務について、どのような方法で行えばよいでしょうか。例えば、就業規則の規定を全社の掲示板で案内すれば足りますか。

A4： 40歳到達時等での情報提供に関しては、

- 適切な期間（①40歳到達年度内、②40歳の誕生日から1年間のいずれか）
- 適切な方法（①面談による方法、②書面を交付する方法、③ファクシミリを利用して送信する方法、④電子メール等の送信の方法）

により行うことと定められています。不特定多数に対する全社の掲示板で規定等を案内するだけでは足りません。

Q5：「個別周知・意向確認」義務に違反した場合

事業主の義務とされた「個別周知・意向確認」の対応に違反があった企業に対しては、どのような措置がありますか。

A5： 個別周知・意向確認の措置義務への違反について罰則はありませんが、厚生労働大臣から報告を求められたり、助言・指導・勧告の対象となる可能性があります（育介法56条）。さらに勧告に従わなかったときは、その旨が公表される場合があります（同法56条の2）。

(2)介護休業・介護両立支援制度等の申し出を円滑にするための雇用環境整備の義務化（育介法22条2項・4項）

改正のポイント

　労働者が介護休業および介護両立支援制度等を円滑に申し出ることができるように、事業主に対して一定の雇用環境整備に関する措置を行うことが義務化されました。

改正前　規定なし

改正後　雇用環境の整備に関して、以下の①～④のうち、いずれか一つの措置を講じなければならない。
① 介護休業・介護両立支援制度等に関する研修の実施
② 介護休業・介護両立支援制度等に関する相談体制の整備
③ 自社の労働者の介護休業・介護両立支援制度等に関する事例の収集および労働者に対する当該事例の提供
④ 自社の労働者に対する介護休業・介護両立支援制度等に関する制度および当該制度の取得の促進に関する方針の周知

1）制度の概要

　令和4年4月1日施行の育介法改正により、事業主は育児休業の円滑な申し出の促進のため、雇用環境整備に関する措置を行わなければならないこととされました。本改正は前記(1)と同様、育児に関

図表20 介護に関する雇用環境整備措置

措置の内容	留意事項
①研修の実施	・雇用するすべての労働者に対して研修を実施することが望ましいものとされている一方で、少なくとも管理職の者については研修を受けたことのある状態にしなければならない ・オンライン研修とすることも可能だが、事業主が受講管理を行うこと等により労働者の受講を担保しなければならない ・単に資料や動画を掲載・配布するのみでは実施したことにならない
②相談体制の整備	・相談窓口の設置や相談対応者を置き、これを周知する意 ・窓口を形式的に設けるだけでは足らず、実質的に対応可能な窓口が設けられていること ・窓口の周知等で利用しやすい体制の整備が必要
③事例の収集・提供	性別や職種・雇用形態等を偏らせず、可能な限りさまざまな労働者の事例を収集・提供することで、特定の者の介護休業等の申し出を控えさせることにつながらないように配慮する
④方針の周知	方針を記載したものの配布、事務所内・イントラネットへの掲載等で行うものであること

する仕組みを参考に、介護に関する申し出を円滑にするための雇用環境整備の措置が設けられたものです。実施する措置のオプションは育児に関するものと同様ですので、現在実施中の措置の運用方法等を鑑みて実施内容を検討いただくのがよいかと思います。

2）各種措置を実施するに当たっての注意点

　雇用環境整備は、［図表20］に示す四つの措置の中からいずれか一つを選んで実行すればよいこととされています。上述のとおり育児に関する雇用環境整備の措置と共通する事項となりますが、各種措置を実施するに当たってはそれぞれに留意事項があるため、介護に関する同措置を導入するに当たり、改めて自社の実施体制が、適切な内容となっているかを確認してください。

3）介護に関する雇用環境整備を行うに当たって必要なアップデート

　介護に関する整備を行う際は、実施中の育児休業に関する措置を

図表21　介護に関する雇用環境整備の方法
（育児休業に関する措置をアップデートして対応する方法）

措置の内容	必要なアップデート
①研修の実施	研修内容に介護休業および介護両立支援制度等に関する内容を追加するか、別途の研修とするかを検討
②相談体制の整備	相談窓口の受付対象を育児休業のみでなく、介護関係制度を含むことを明らかにした上で再度周知
③事例の収集・提供	介護休業および介護両立支援制度等の事例を新たに収集するとともに、事例の提供を行うための資料を作成
④方針の周知	事業主に介護関係制度の取得の促進等に関する方針を確認した上、既に周知されている育児に関する方針の内容に追加、再度周知

アップデートする方法で対応を行うことが想定されます。各種措置の変更方法を検討すると、[図表21]のように整理できます。

③については自社内で介護関係の制度利用者の実績があるかどうかを確認し、新規で事例収集が必要になりますが、①②④に関しては現行の仕組みをアップデートすることで対応が可能となる場合があるため、自社の現在の運用を確認した上で実施する措置を決定してください。

Q1：当面、介護が必要になりそうな社員がいない場合の雇用環境の整備

社員の平均年齢が若く、当面、親の介護が必要になりそうな社員はいません。その場合でも、施行日である令和7年4月1日までに、雇用環境の整備に関する措置を実施する必要がありますか。

A1：雇用環境整備の措置は対象企業を限定していませんので、

実際に介護休業等の対象者がいない場合であっても、令和7年4月1日までに、すべての事業主が適切に雇用環境の整備を行う必要があります。また、介護を必要とする対象家族については、親（父母）のみならず、配偶者、子、配偶者の父母、祖父母、兄弟姉妹、孫も含まれ、同居要件もありません。社員の平均年齢が若く、一見介護が必要ないような状況に見えても対象家族がいる場合もありますので注意しましょう。

Q2：介護休業等が取得しづらい職場での雇用環境の整備

　繁忙期や業務の性質上、介護休業等が取得しづらい職場においても、雇用環境の整備に関する措置を実施する必要がありますか。

A2：雇用環境の整備については、適用される事業主に例外はありませんので、介護休業等が取得しづらい職場であったとしても、例外なく措置を実施する必要があります。雇用環境の整備を通じて介護休業等の制度は、すべての労働者が取得の権利を有するものであることを経営層、社員が相互に理解していくことが重要です。

Q3：e ラーニングによる介護休業等に係る研修の実施

　雇用環境整備に関する措置の一つとして定められている介護休業等に係る研修の実施について、e ラーニングによる研修でも問題はありませんか。

A3：研修については、e ラーニング等の動画による研修も可能ですが、事業主の責任において、受講管理を行うこと等により、労働者が実際に研修を受講していることを担保する必要があります。単に動画や資料を掲載し、配信するだけでは研修を行ったことになりませんので、ご注意ください。

第2章　改正法の主な内容

Q4：他の相談窓口を兼ねた相談体制

　育児休業に関する相談窓口を設置していますが、その窓口で介護休業等に関する相談を受け付ける体制でもよいでしょうか。

A4：既に設置している育児休業の相談窓口において、介護休業等に関する相談窓口を兼ねること自体は問題ありませんが、形式的に設けるだけでは足りず、実質的に対応できる窓口とする必要があります。介護休業等の相談窓口でもあることを労働者に対して周知し、労働者が利用しやすい体制にしておくことが必要です。

Q5：法令で定められた措置以外の措置による雇用環境の整備

　雇用環境整備に関する措置について、法令で定められた措置以外の措置を講じることで対応してもよいでしょうか。

A5：雇用環境整備の措置については、法令において措置の内容が定められていますので、原則として定められた内容から選択して措置を講じる必要があります。ただし、育介指針（第2－6の3、8の2）において「可能な限り、複数の措置を行うことが望ましい」とされていますので、法令に基づく措置を講じた上で、別の措置を設けることは問題ないでしょう。

⑶介護休暇制度の適用除外対象者の見直し
（育介法16条の5～7）

改正のポイント

　要介護状態の対象家族を有する労働者に認められていた介護休暇について、労使協定による除外対象者から勤続6カ月未満の者が除かれます。

改正前　除外対象※：①勤続6カ月未満の者、②1週間の所定労働日数が2日以下の者
※労使協定を締結している場合に限る

⬇

改正後　除外対象：「①勤続6カ月未満の者」を削除

解説

1）介護休暇とは

　要介護状態にある対象家族の介護・世話をする労働者は、1年間につき5日（対象家族が2人以上の場合は10日）の範囲で介護休暇を取得することができます。なお、介護休暇は子の看護等休暇と同様に暦日単位での取得のほか、始業または終業時刻に連続して、時間単位で取得できる制度とする必要があります。また、取得対象となる日または時間についての賃金の支払い義務はありません。

2）除外対象の削除

　介護休暇は子の看護等休暇と同様に、一定の要件に該当する者については、労使協定を締結することで制度の利用対象から除外することが認められていますが、本改正により除外対象の一つである「勤続6カ月未満の者」を規定することができない（制度の除外対象とすることができない）こととなりました［図表22］。

図表22　除外対象（勤続6カ月未満の者）の削除（子の看護等休暇と同じ）

●改正前	●改正後
①勤続6カ月未満の者 ②1週間の所定労働日数が2日以下の者 ※労使協定を締結している場合のみ	①1週間の所定労働日数が2日以下の者 ※労使協定を締結している場合のみ

ポイント

1) 介護休暇の取得事由

前述のとおり、子の看護等休暇は取得事由が拡大されることとなりましたが、介護休暇についてはこの点に変更ありません。取得事由は以下のとおりとされています。

- 対象家族の介護
- 対象家族の通院等の付き添い
- 対象家族が介護サービスの提供を受けるために必要な手続きの代行
- その他の対象家族に必要な世話

[2] (1)の 実務 ポイント 2) で解説したとおり、対象家族には老親以外にも子や孫も含まれます。要介護状態に該当する場合、必ずしも高齢者の介護のみが対象となるわけではないため、対象者への案内に漏れが生じないように注意が必要です。

2) 制度利用の申出書式に改定は必要か

本改正後も、制度利用の請求時に必要な申出事項に変更は生じません。したがって、「介護休暇申出書」等の申請書式に関しては内容を変更する必要はありません。

> **Q：派遣労働者への適用**
> 「勤続6カ月未満の労働者」という要件が削除されることによる有期雇用労働者の介護休暇取得要件の緩和については、派遣労働者にも適用されますか。
>
> **A：** 派遣元の事業主における直接雇用の労働者であれば、勤続6カ月未満の正規労働者であっても派遣労働者であっても当該緩和が適用されることになります。派遣先の事業主におい

1 育児・介護休業法の改正

ては、派遣元の事業主に対してこれにより介護休暇取得者となる派遣労働者の代替を依頼することとなります。

(4) 介護休業をしない者に対する努力義務の措置に在宅勤務等の措置を追加（育介法24条4項）

改正のポイント

介護休業を取得しない要介護状態の対象家族を有する労働者に対して、労働者が就業しながら対象家族を介護することを容易にするために、在宅勤務等の措置を講じるよう努めることとされました。

改正前 規定なし

改正後 改正前の措置（努力義務）に加えて、以下の労働者に対して在宅勤務等の措置を講じるよう努めることとされた。
- 要介護状態の対象家族を有する労働者

解説

[1] (4)で解説したとおり、3歳に満たない子を養育する労働者に対しては、在宅勤務等の措置を講ずるように努めなければならないものとされましたが、要介護状態の対象家族を有する労働者に対しても同様の努力義務が設けられることとなりました［図表23］。

図表23 「努力義務」とされている措置
（要介護状態の対象家族を介護する労働者への両立支援措置）

①改正前から規定されている努力義務

対象者	措置の内容
要介護状態の対象家族を有する労働者	介護休業もしくは介護休暇に関する制度または所定労働時間の短縮等の措置に準じて、介護を必要とする期間、回数等に配慮した必要な措置

②本改正により追加となる努力義務

対象者	措置の内容
要介護状態の対象家族を有する労働者のうち介護休業をしていない者	在宅勤務等の措置

Q：テレワークが不可能な部署にいる従業員への対応

介護を行う従業員を、これまでの職種とは異なるもののテレワークが可能な部署に異動するまでの配慮は必要ですか。

A：要介護状態の対象家族を介護する労働者に対するテレワークの措置はあくまで「努力義務」となっており、導入自体が必須ではありません。よって、テレワークを導入した場合でもテレワークが可能な部署へ異動させることまでは必須ではないでしょう。

2. 令和7年10月1日施行

(1) 子が3歳から小学校就学までの柔軟な働き方を実現するための措置（育介法23条の3）

改正のポイント

子が3歳から小学校就学まで（小学校就学の始期に達するまで）の柔軟な働き方を実現するための措置として、複数の措置から労働者本人が選択することのできる制度を設けなければならないこととされました。また、適切な時期に当該措置に関する個別周知および意向確認の措置を講じる必要があります。

| 改正前 | 規定なし |

| 改正後 | 以下の五つの措置から二つ以上の措置を講じなければならない。なお、選択した二つ以上の措置からいずれの措置を適用するかは労働者本人が選択する。
①始業時刻変更等の措置（フレックスタイム制または時差出勤制度）
②在宅勤務等の措置
③育児のための所定労働時間の短縮措置（育児短時間勤務）
④子を養育するための新たな休暇制度（養育両立支援休暇）
⑤その他厚生労働省令で定める措置（保育施設の設置運営等）
また、二つの措置のいずれを選択するかを決定するための適切な時期（子が1歳11カ月に達する |

日の翌々日から2歳11カ月に達する日の翌日までの間)に、妊娠、出産等の申し出があった場合に準じて個別周知および意向確認の措置を講じなければならない。

1) 制度が設けられた背景

　政府が民間委託により実施した労働者の意識調査によれば、両立支援に対するニーズは子の年齢に応じて変化していく傾向が見られます。男性（正社員・職員）は子どもの年齢にかかわらず「フルタイムで働き、できるだけ残業をしないようにする」が一貫して回答割合が高い一方で、女性（正社員・職員）は子どもの年齢に応じて、希望する両立支援の制度が「長期の休業を取得する」→「育児のための短時間勤務制度を利用して働く」→「フルタイムで働き、できるだけ残業をしないようにする」に、最も割合の高い回答が推移していきます。また、子が3歳以降は短時間勤務を希望する者もいる一方で、フルタイムで残業をしない働き方や、フルタイムで柔軟な働き方（出社や退社時間の調整、テレワークなど）を希望する割合が高くなっていく傾向も見られます。

　このような状況を受け、**1．[1]**(1)にて解説した所定外労働の制限の適用期間延長の措置と相まって、複数の両立支援措置から、労働者が希望するキャリアや働き方に応じて選択することができるよう本制度が設けられることとなりました。

2) 制度の概要

　本改正は、[図表24]で示すとおり、法令に規定された以下の五つの措置の中から事業主が自社の労働者のニーズや勤務形態にあったものを二つ以上選択し、制度として設けることとなります（設けられた二つ以上の制度を「対象措置」といいます）。制度の利用を

図表24 事業主が選択して講ずべき措置

措置の選択肢	内　　容
①始業時刻変更等の措置	始業終業時刻の変更（時差出勤制度）またはフレックスタイム制
②在宅勤務等の措置	在宅勤務制度（自宅以外のサテライトオフィス等での勤務も含む）
③育児のための所定労働時間の短縮措置	所定労働時間を短縮する制度
④子を養育するための新たな休暇制度（養育両立支援休暇）	子の看護等休暇、介護休暇、年次有給休暇「以外の」休暇制度を設ける（無給の休暇でも可）
⑤その他厚生労働省令で定める措置	3歳から小学校就学の始期に達するまでの子に係る保育施設の設置運営その他これに準ずる便宜の供与

※各措置については［図表26］の基準を満たす必要あり

→この中から<u>事業主が二つ以上を選択</u>して制度化（→「対象措置」）

例えば……

②在宅勤務等の措置
④子を養育するための新たな休暇制度
を対象措置とする

適用を希望する労働者が、対象措置の中からいずれか一つを選択して申し出る

　希望する労働者は、対象措置の中から自身の希望する両立支援措置を一つ選択して申し出ることとなります。
　制度は必ずしも企業単位で二つ以上設定しなければならないわけではありません。事業所や部署の業務の特性や職種ごとに、労働の実態に合わせて対象措置の組み合わせを変更することが可能です。
　一方、正社員と契約社員・パート・アルバイト等の雇用区分に応じて対象措置の組み合わせを変更する場合は注意が必要です。パート・有期労働法においては、無期雇用労働者と短時間・有期雇用労

働者の不合理な待遇差を禁じていますので、正社員とその他の短時間・有期雇用労働者との間で対象措置を別にする場合は、その差異の理由を労働者に合理的に説明できなければなりません。

3）両立支援措置の全体像

本改正に係る措置、および **1.** の令和7年4月1日改正に係る措置を併せて、育児に関する両立支援制度（休業していない期間に適用を受けることのできる勤務制度）を図表化すると、［図表 25］のようになります。改めて自社の制度に照らして、必要な措置に抜け漏れがないかを確認してください。

4）各措置に係る最低基準

対象措置を制度化するに当たっては、法令に定められた［図表26］に示す基準を満たさなければなりません。

［図表 26］を見ると、本改正に係る対象措置は前述の労働者の意識調査の結果を受けて、フルタイムで勤務しながら利用できる制度を選択肢に含めるものとなるように意図されているものと思われます。①②はいずれも所定労働時間を短縮せずに適用できるものであることを要件としていますし、④⑤については所定労働時間に影響を与えない制度となっています。仮に事業主が対象措置の一つとして③育児のための所定労働時間の短縮措置を選択しても、もう一方の措置は所定労働時間を変更せずに利用できる制度になるため、労働者が対象措置の中から自身の希望する仕事と育児の両立支援制度により近いものを選ぶことができます。

5）適用除外対象者

過半数労働組合（該当の組合がない場合は労働者の過半数を代表する者）との労使協定を締結した場合、以下のいずれかに該当する者に対しては対象措置を適用しないことができます。

A	勤続年数が1年未満の者
B	所定労働日数が週2日以下の者
C	業務の性質または業務の実施体制に照らして、取得が困難と

1 育児・介護休業法の改正

図表25　育児に関する両立支援制度の全体像

【見直し内容】

凡例：　■：現行（編注：改正前）の権利・措置義務　　■：見直し　　□：現行（編注：改正前）の努力義務

出生時育児休業
（産後パパ育休）

育児休業

所定外労働の制限（残業免除）

時間外労働の制限（残業制限）（24時間／月、150時間／年を超える時間外労働を禁止）、深夜業の制限

子の看護休暇：取得事由の拡大（感染症に伴う学級閉鎖等、入園（入学）式及び卒園式を追加）、勤続6か月未満の労使協定除外の仕組みの廃止、「子の看護等休暇」に名称変更

育児目的休暇

始業時刻等の変更等（※）　育児目的休暇（努力義務）

短時間勤務制度
○1日6時間とする措置。
（※）様々なニーズに対応するため、1日6時間を必要としたうえで、他の勤務時間も併せて設定することを促す。（指針）

○労使協定により、短時間勤務が困難な業務に従事する労働者を適用除外とする場合の代替措置
・育児休業に関する制度に準じる措置等
・始業時刻の変更等（※）

→ **テレワークを追加**

柔軟な働き方を実現するための措置
○事業主は、
・始業時刻等の変更
・テレワーク等（10日／月）
・保育施設の設置運営等
・養育両立支援休暇の付与（10日／年）
・短時間勤務制度
の中から2以上の制度を選択して措置する義務。
労働者はその中から1つ選べる。｝フルタイムでの柔軟な働き方

※テレワーク等と養育両立支援休暇等は、原則時間単位で取得可
※措置の際、過半数組合等からの意見聴取の機会を設ける
※3歳になるまでの適切な時期に面談等
※心身の健康（テレワークでの労働時間の適切な把握）（指針）

所定外労働の制限（残業免除）の延長

就学以降に延長（小学校3年生まで）

※始業時刻の変更等「育児休業、介護休業等育児又は家族介護を行う労働者の福祉に関する法律及び次世代育成支援対策推進法の一部を改正する法律」の概要

資料出所：厚生労働省「育児・介護休業法の改正について」その他これらに準ずる便宜等の供与

77

第2章　改正法の主な内容

図表26　事業主が選択して講ずべき措置に係る最低基準

対象措置の選択肢	満たさなければならない内容
①始業時刻変更等の措置	• 所定労働時間を短くするような時差出勤制度またはフレックスタイム制になっていない • フレックスタイム制と時差出勤制度は同一の区分のため、両方の措置を講じても二つの対象措置を講じたことにはならない
②在宅勤務等の措置	• 1日の所定労働時間を変更することなく利用できる • 月に10労働日以上利用できる[※1] • 時間単位で利用することができる（始業時刻から連続または終業時刻まで連続するものとして利用できるものであること＝労働途中で時間単位の在宅勤務を認める必要はない）[※2]
③育児のための所定労働時間の短縮措置	1日6時間勤務とする措置を含むものである
④子を養育するための新たな休暇制度（養育両立支援休暇）	• 1年間に10労働日以上利用することができる[※3] • 取得理由は、就業しつつ子を養育するのに資するものであれば「労働者に」委ねられるものであること • 時間単位で利用することができる • 失効年休制度（時効消滅した年次有給休暇を積み立てる制度）を養育両立支援休暇として運用するには、残日数が1年間に10労働日を下回っている場合、不足日数を補って利用できるものとしなければならない
⑤その他厚生労働省令で定める措置	3歳から小学校就学の始期に達するまでの子に係る保育施設の設置運営その他これに準ずる便宜の供与[※4]

※1　週所定労働日数が5日に満たない場合は、1週間の所定労働日数（または1週間当たりの平均所定労働日数）に応じた日数とする。また、3カ月で30日にするなど平均して1カ月につき10労働日となる制度であれば差し支えない。

　2　時間単位の在宅勤務における1日分の時間数は所定労働時間数（日によって異なる場合は1年の平均所定労働時間数）とし、1時間未満の端数がある場合は1時間に切り上げる。

　3　「1年間」の開始日は年次有給休暇付与の基準日等を勘案して、事業主が任意に定めることができる。また、事業年度の中途に本制度の利用を開始した場合は、事業年度終了までの残りの日数で案分し、付与日数を算出することができる。なお、1年につき10労働日以上利用することができれば、6カ月につき5日や、1カ月につき1日などの付与でも差し支えない。

　4　事業主がベビーシッターを手配し、かつ当該費用を補助すること等。所定労働時間の短縮措置の代替措置の一つである「保育施設の設置運営その他これに準ずる便宜の供与」と同様の措置。

認められる業務に従事する者[※]

※Ｃの規定で適用を除外できるのは、「④子を養育するための新たな休暇制度」の措置を選択した者がこれを時間単位で取得する場合のみです。

　また、育介指針（第2 - 10の2⑼）においてＣに該当するものとして次のような業務が例示されています。なお、いずれもあくまで例示であるため、これらの業務以外は困難と認められる業務に該当しないというものではありません。

> イ　国際路線等に就航する航空機において従事する客室乗務員等の業務であって、所定労働時間の途中までまたは途中から休暇を取得させることが困難な業務
>
> ロ　長時間の移動を要する遠隔地で行う業務であって、時間単位で休暇を取得した後の勤務時間または取得する前の勤務時間では処理することが困難な業務
>
> ハ　流れ作業方式や交替制勤務による業務であって、時間単位で休暇を取得する者を勤務体制に組み込むことによって業務を遂行することが困難な業務

6）事業主が設置する措置を決定する際の手続き

　本改正に対応して会社が五つの選択肢の中から対象措置を決定する際は、労働者の過半数で組織する労働組合があればその労働組合、ない場合は労働者の過半数を代表する者に意見を聴かなければならないこととされています。改正日時点で措置を確定している必要があるため、意見聴取は令和7年10月1日より前に実施しておく必要があります。

　また、育介指針（第2 - 10の2⑾）においては、子を養育する労働者からの意見聴取やその他の労働者からのアンケート調査を実施するのが望ましいものとされています。これらを整理すると、[図表27]のとおりとなります。

　なお、あくまで決定に当たってのプロセスとして意見聴取やアンケート調査を行うことが求められているものであるため、必ずしも

第2章　改正法の主な内容

図表27　事業主が設置する措置を決定する際の手続き

区　分	内　容
必須とされていること	過半数労働組合（または過半数労働者代表）からの意見聴取
望ましい措置	• 子を養育する労働者からの意見聴取 • 労働者からのアンケート調査

その結果を反映させ（例えばアンケートで最も希望者の多かった制度を採用し）なければならないということではありません。

7）当該措置に係る個別周知および意向確認

　事業主は3歳に満たない子を養育する労働者に対しても、妊娠・出産の申し出をした労働者に対する個別周知・意向確認に準じて、面談その他の措置を講じなければならないこととされました。言い換えると、子が3歳に達するまでの所定の時期に、3歳以降小学校就学の始期に達するまでの間にどのような両立支援制度が利用できるのかを説明し、利用に関する意向を確認しなければならないということになります。なお、当該時期に第2子等の出産に伴い育児休業中であったとしても個別周知・意向確認の措置は実施する必要があるため、休業中の対象者に対する実施漏れにも注意する必要があります。

　実施の時期や個別周知の対象となる項目をまとめると、［図表28］のようになります。個別周知に当たっては本改正に係る対象措置だけでなく、1.［1］⑴で取り扱った所定外労働の制限や時間外労働の制限および深夜業の制限の制度に関する説明も同時に行う必要がある点には注意が必要です。

　なお、施行日である令和7年10月1日時点で子が2歳11カ月に達する日の翌日を超過している場合は、法令上、個別周知・意向確認の必要はありません。具体的な生年月日でいえば、令和4年10月30日以前の出生日の子を持つ労働者は対象外となります。

図表28　柔軟な働き方を実現するための措置の個別の周知・意向確認

項　目	内　容
実施の時期	子が1歳11カ月に達する日*の翌々日から2歳11カ月に達する日の翌日までの間 ※「達する日」とは対象となる月の誕生日応当日の前日 　　例：令和7年5月23日が出生日なら、令和9年4月22日が1歳11カ月に達する日となる
周知対象の事項	• 対象措置の内容 • 対象措置の申し出先 • 所定外労働の制限、時間外労働の制限、深夜業の制限に関する制度の内容
個別周知および意向確認の方法	妊娠・出産等の申し出があった際の個別周知・意向確認に準じた以下の取り扱い 　A　面談（オンライン面談含む） 　B　書面交付 　C　ファクシミリの送信 　D　電子メール等の送信（書面で出力ができるものに限る） ※C、Dについては、労働者が希望する場合に限られる
配慮すべき事項	あらかじめ対象措置を適用した際の労働者の待遇（賃金、賞与、評価、退職金等の取り扱いが考えられる）を決定して、周知すること

　しかしながら、柔軟な働き方を実現するための措置は3歳から小学校就学の始期に達するまでの子を持つ労働者が利用できるものですので、個別周知・意向確認の対象外となる小学校就学の始期に達するまでの子を持つ労働者には、何らかの方法で制度が創設されたことをお知らせすることが望ましいといえます。

8）本人希望の聴取

　前記7）個別周知および意向確認と併せて、後述する本人の意向の聴取も実施する必要があります。本人の意向（希望）の聴取およびその配慮に関する詳細は2.(2)を参照ください。

9）解雇その他不利益な取り扱いの禁止

　本改正に係る措置が新たな両立支援措置として追加されたことに

伴い、以下の事由を理由とする不利益取り扱いの禁止規定が追加されました。
- 対象措置を申し出たこと
- 対象措置が適用されたこと
- 対象措置に関して聴取した本人希望の内容

1）望ましい措置とされているもの

解説 4）で記載したとおり、対象措置には制度上で満たさなければならない最低基準が定められていますが、育介指針（第2－10の2）にはそれを上回る制度の内容として望ましい措置が示されています。義務規定ではありませんので、必ずしもこのような内容の制度にしなければならないわけではありませんが、3歳から小学校就学の始期に達するまでの両立支援に労働者からの高いニーズがあり、会社制度を一層充実させたいと考える場合には、[図表29]で示す望ましい措置を参考に、制度の内容を検討するとよいでしょう。

また、その他制度全体の運用についても、以下のとおり対象措置を講じるに当たって望ましい取り扱いが示されています。

図表29　事業主が選択して講ずべき措置に係る望ましい措置

対象措置の選択肢	望ましい措置
在宅勤務等の措置	・月10労働日より高い頻度で利用できる措置とすること
育児のための所定労働時間の短縮措置	・所定労働時間を5時間または7時間とする措置 ・1週間の所定労働時間を短縮する曜日を固定する措置 ・週休3日とする措置 　──も併せて講ずること
子を養育するための新たな休暇制度（養育両立支援休暇）	・始業・終業時刻に接続せずに（中抜けを可能とした）時間単位での取得が可能な措置とすること

- 当該措置を講じようとする事業所の業務の性質、内容等に応じて講ずる措置の組み合わせを変えること
- 今までの各制度の事業所における活用状況に配慮すること
- 三つ以上の措置を講じることや一つの措置に幾つかのバリエーションを設けて、労働者の選択肢を増やすための工夫をすること
- 在宅勤務等の措置と育児のための所定労働時間の短縮措置を両方適用するなど、労働者が希望した場合に、対象措置を二つ同時に利用できるようにすること
- 労働者が選択した対象措置が本人にとって適切であるかを確認すること等を目的として、定期的に面談等をすること

2）既に法令を上回る措置を実施している場合の留意点

　大企業や育児両立支援制度の充実に前向きな企業等を中心として、3歳から小学校就学の始期に達するまでの両立支援の措置が既に法令を上回る人事制度として設けられているような場合、本改正に係る対象措置の設置が全部または一部不要となることも考えられます。

　ただし、このようなケースであっても、当該法令を上回る制度が本改正に係る対象措置の最低基準を確実に上回っているかを確認する必要があります。最低基準に満たない部分がある場合は、当該部分については制度を見直さなければならないことにご注意ください。以下のような制度を例に挙げて、対応の要否を検討してみましょう。

●前提条件

　本改正は労働者が複数の制度から対象措置を選択できる必要があるため、3歳以降小学校就学の始期に達するまでの措置が二つ以上設けられていることが必要です。

例1：育児短時間勤務が小学校就学の始期に達するまでの期間で利用可能

　選択できる労働時間数に「6時間」が含まれていれば、基本的には対象措置の一つとして取り扱うことができるものと考えられます。ただし、法令を上回る措置であったことから、「●●

第2章　改正法の主な内容

の業務に従事する者は利用できない」「家庭環境等の事情により特別に認められた場合のみ利用できる」等の制限が設けられている可能性があります。本改正に係る対象措置については、**解説** 5）（適用除外対象者）に該当する者以外を除外することはできませんので、上記の制限を廃止するか、他の対象措置を設ける必要があります。

例2：子の有無にかかわらず常時テレワークを利用することができる

テレワークの利用は対象措置の一つとして取り扱うことができる可能性があります。ただし、本改正におけるテレワーク（在宅勤務等の措置）は、月に10日以上利用できる必要があり、かつ時間単位での取得が可能な制度となっている必要があります。特に時間単位での取得に関しては、後述の**実務ポイント** 3）（在宅勤務等の措置を導入する場合の課題）で解説する点がクリアできているかを確認してください。

例3：積立年休（失効した年休の積立）制度で育児目的での休暇取得を認めている

積立年休制度は、時効消滅した年休の一部または全部をプールしておき一定の利用目的について取得を認めるという制度ですが、これを「子を養育するための新たな休暇制度（養育両立支援休暇）」として扱うことが考えられます。ただし、対象措置として扱うためには、1年間に10日以上の取得が可能な制度とすることが必要になりますので、まだ社歴が浅く積み立てが始まっていない者の取り扱いや他の目的での利用などで残日数が不足してしまった場合も、育児目的の休暇取得に限っては10日以上の利用を認めなければならないことになります。管理上・運用上、日数管理と目的の把握に注意が必要です。

なお、育介Q&Aによると、既存の制度が諸条件を満たしていて、新たな対象措置を設けない場合であっても、職場のニーズを把握す

るために過半数労働組合等から意見を聴取する必要があるとされて
いるため注意が必要です。

3）育児目的休暇との関係

　これまで育介法 24 条の規定により、配偶者の出産や子どもの行
事参加等のために利用する制度として、育児目的休暇の設置が努力
義務とされていました。本改正により養育両立支援休暇を対象措置
として設ける場合、この休暇の利用は育児目的休暇の取得として取
り扱うことができません。

　したがって、令和 7 年 10 月 1 日以降、1.［1］⑸で解説した「男
性の育児休業取得状況の公表義務対象の拡大」における「男性の育
児休業等と育児目的休暇の取得割合」の計算に当たっては、養育両
立支援休暇として取得された休暇数を対象にすることができなくな
ります。

実務 ポイント ···●

1）申し出の書式と実務

　本改正は新たな制度を設ける内容であるため、申し出の書式も新
規で作成する必要があります。「第 3 章　社内規程・様式・労使協
定例」に掲載のひな形を確認の上、必要に応じて社内イントラネッ
ト上のシステムやワークフロー等の必要なアップグレードを検討し
てください。

　なお、フレックスタイム・時差出勤制度や短時間勤務制度等の一
定期間の継続的な利用が見込まれる制度の申し出について、例えば
「制度の利用を希望する日の 1 カ月前までに申し出なければならな
い」等の事前申請を義務づけることが考えられます。このような制
限は就業規則や育児・介護休業規程に明記しておけば問題ありませ
んが、早すぎる期限を設定し、過度に煩雑な手続きを強いるなど、
申し出を抑制してしまうような内容とならないようにしなければな
りません。

第2章　改正法の主な内容

2）シフト制勤務者に対する柔軟な働き方を実現するための措置の適用

　シフト制勤務は、勤務日および勤務時間帯の決定に当たって本人の希望を事前に聴取することが考えられますが、日々の勤務が希望シフトによって変更されることをもって、対象措置の一つである「始業時刻等の変更」の措置が講じられたことにならないことが示されています（育介 Q&A）。

　このような対象者に対して当該措置を実施したこととするためには、例えば2交替勤務（早番9〜17時、遅番13〜21時）の労働者に対して、希望した場合は早番のみの勤務とすることを認める措置や、保育所等への送迎の便宜等を考慮して、通常想定されるシフトの始業または終業時刻を繰り上げ・繰り下げすることのできる制度とする必要があります。

3）在宅勤務等の措置を導入する場合の課題

　本改正における対象措置の選択肢の一つに在宅勤務等の措置がありますが、この措置を制度として導入する場合には、労務管理上の支障がないかどうかを事前に検討する必要があります。

　具体的には、最低基準として設けられている、

● 1日の所定労働時間を変更することなく利用できる
● 時間単位で利用することができる

ことを前提とした労働時間管理です。

　在宅勤務の時間単位取得は、子の送迎や食事・生活の世話のため帰宅時間を早めるという目的で利用されることが想定されます。また、「所定労働時間を変更することなく」という要件を満たすには、所定労働時間に不足する部分を在宅勤務で補塡することとなります。

　例えばフレックスタイム制との併用を前提とした場合、［図表30］のとおり、オフィスでの始業・終業時刻以外に、移動（帰宅）や私用時間を挟んで在宅勤務の開始・終了時刻も管理する必要が生じることになります。

図表30　在宅勤務を併用する場合の時間管理

　当該在宅勤務は労働時間帯が深夜になることも考えられます。使用者として安全配慮義務に留意しつつ、特定業務従事者の健康診断（安衛則45条）※等、安全衛生管理上での抜け漏れが生じないよう注意が必要です。

　在宅勤務中に労働時間の中途離脱（いわゆる中抜け）を前提として管理体制を構築している場合は問題ないと思われますが、本改正に対応するために新たに時間単位の在宅勤務を許可する場合は、実際の勤務をイメージしつつ、時間外労働・深夜労働の許可を厳格にするなどのリスクヘッジを十分実施することも重要です。

※深夜業に週1回以上または月に4回以上従事する者等に対しての6カ月に1回の健康診断実施義務。

4) 申し出における措置の適用期間

　本制度に係る適用期間については特別な法規制はないので、一義的には事業主が定めることができることと考えられます。ただし、本制度は複数の対象措置から適用する制度を選択することができるものであるため、対象者が子の成長に合わせて適用措置の変更を希望することも考えられます。

　柔軟な両立支援措置としての効果を発揮しつつ、他の両立支援制度とのバランスを鑑みて「1年以内の期間」で申し出ること等のルールを定めることなどが考えられます。また、対象者に対しては、自身の働き方や希望する両立支援の在り方等を念頭に置いて、適用期間を選択するように促すとよいでしょう。

　例えば前述のとおり「養育両立支援休暇」に関しては適用期間に応じて休暇付与日数を案分することができるため、まずは短時間勤

務を半年適用し、もう半年をフルタイム勤務＋養育両立支援休暇の利用で勤務するなど適用期間を調整しながら、柔軟に自身の働き方を変更していくことが理想的な利用方法といえます。

> **Q1：両立支援措置を講じる際の意見聴取の時期**
> 　両立支援措置の選択肢の中から２以上の制度を選択する際に、過半数労働組合または労働者の過半数代表者（以下、過半数労組等）からの意見聴取を行う必要があると思いますが、就業規則（育児休業規程）の改定時に意見聴取を行うことで問題ないでしょうか。
>
> **A1：** 就業規則変更の届け出時に必要な意見聴取(a)は、改定された規則に対する過半数労組等の見解を求めるものであり、意見の聴取後にこれを受けて規則がさらに改定されることを想定するものではありません。
> 　一方、今回の育介法で求める意見聴取(b)は、使用者が選択可能な措置の中からどの制度を対象措置として採用するかにおいて、過半数労組等の意見を生かすことを目的として「あらかじめ」意見を聴かなければならないとされています。
> 　よって、(a)(b)二つの意見聴取の実施時期は、
> (a)措置決定後に規則を改定する際
> (b)二つの対象措置を決定する前
> と異なるため、別途行うこととなります。
>
> **Q2：テレワークの頻度**
> 　テレワークの頻度等に関する基準の設置について、出社での対応がかなり広範に要求される業務の性質上、「勤務日の４分の１程度」のような基準を設けて社内に明示してもよい

のでしょうか。

A2：両立支援措置は義務であり、その法定の措置としてテレワークを選択したのであれば、法定の要件を満たす必要があります。日数については、週所定労働日数が5日の場合は月10日以上、週5日以外の場合は週5日を基準に案分した日数以上のテレワークを認めることが要件となり、これを下回る基準は措置義務を果たしたことになりません。

　法令の趣旨は、対象労働者が二つ以上の措置から制度を選択できることであるため、基準を満たしたテレワークの実施が難しい業務に従事する者に対しては、措置の組み合わせを変えるなどの対応を検討する必要があります。

Q3：定期的な面談の頻度と内容

　最初の両立支援措置の個別周知・意向確認以降にも定期的な面談等を実施することが望ましいとされていますが、一般論として面談はどれくらいの頻度で実施し、どの時期にどのようなことを面談で確認するのが望ましいでしょうか。

A3：定期的な面談は育介指針（第2－10の2⑿）に望ましい措置として定められていますが、必須ではありません。しかし、子の心身状況や労働者の家庭環境が時間の経過とともに変化することを考えると、定期的な面談を行うことは効果的でしょう。例えば、年度替わりや部署異動の時期、配置転換により業務内容の変更があった場合などに面談を行い、現在選択中の制度が適切であるかどうかを確認することが考えられます。

Q4：無給の養育両立支援休暇の導入

　両立支援措置の一つとして、新たな休暇制度である養育両立支援休暇を設ける場合、無給扱いでもよいでしょうか。

> **A4**：両立支援措置としての新たな養育両立支援休暇については有給・無給は問いませんので、無給扱いでも構いません。

(2)妊娠・出産の申し出時や子が３歳に達するまでの適切な時期に実施する、労働者の仕事と育児の両立に係る個別の意向聴取・配慮義務（育介法21条２項・３項、23条の３第５項・６項）

改正のポイント

妊娠・出産等に関する申し出をした労働者（および子が３歳に達するまでの適切な時期にある労働者）に対しては、育児休業等の制度に関する情報提供（個別周知）を行い、制度の利用に関する意向を確認しなければならないこととされていますが、これに加えてさらに就業条件に関する労働者の意向（希望）を聴取し、その希望に配慮しなければならないこととされました。

改正前 規定なし

改正後 以下のとおり、労働者の個別の意向（希望）を聴取し、これに配慮する。

①**意向聴取の時期・手段**

以下の個別周知および意向確認を行う際に実施する。
- 妊娠・出産等の申し出があったとき
- ３歳になるまでの適切な時期
  意向聴取は、個別周知および意向確認と同様の方法で実施する。
- 面談（オンライン面談含む）

- 書面交付
- ファクシミリの送信
- 電子メール等の送信(書面で出力ができるものに限る)

※ファクシミリ、電子メールの方法は本人が希望した場合に限る

②意向を聴取すべき事項
- 始業および終業の時刻
- 就業の場所
- 育児休業、その他各種両立支援の措置に関する利用期間
- その他の就業に関する条件

③上記②で聴取した意向に配慮して就業条件を決定する

1) 制度が設けられた背景

育介法に規定される育児休業や各種両立支援制度は、子の年齢に応じて一律に取得可能な措置となっており、対象となる子どもや家庭の環境に関する個々の事情に対して、配慮する仕組みは設けられていませんでした。しかし、例えば子に障害がある場合や医療的なケアが必要とされる場合、ひとり親の家庭の場合などでは、一律に設けられた措置のみでは仕事と育児の両立が困難であることも考えられます。

本改正では、そういった状況にある労働者が育児休業後に復帰して、離職することなく勤務を継続することができるように個別の意向聴取措置が設けられました。

名称が似ているため混同しがちですが、「個別の意向聴取」は、

第2章　改正法の主な内容

既に設けられている「個別周知・意向確認」とは別に実施する新たな措置であることに注意が必要です。

2）制度の概要

本改正により事業主は、個別周知・意向確認を実施するタイミングで、定められた事項に関して労働者の個別の意向（希望）を聴取する必要があります。また、就業に関する条件を定めるに当たって聴取した意向に配慮しなければならないこととなります。

「個別周知・意向確認」と「個別の意向聴取」の措置で実施すべき内容を、①実施時期、②周知または聴取の内容、③周知または聴取後の措置の三つの観点で整理すると、[図表31]のようになります。

また、個別周知・意向確認と意向聴取の実施時期を時系列で整理すると、[図表32]のとおりとなります。

令和4年4月に設けられた「（妊娠・出産等の申し出時の）個別周知・意向確認」では育児休業制度に関する個別周知とその利用の有無を確認することが義務づけられた一方、令和7年10月より開始する「個別の意向聴取」では、対象の子や家庭の状況（対象労働者個々の事情）により仕事と育児の両立が困難となる場合があることを踏まえ、就業に関する条件や制度利用の期間に関する意向（希望）を聴取し、可能な範囲で配慮することとされました。

なお、意向聴取は個別周知・意向確認と同様に、次のいずれかの方法により実施しなければならないこととされています。

A	面談（オンライン面談含む）
B	書面交付
C	ファクシミリの送信
D	電子メール等の送信（書面で出力ができるものに限る）

※C、Dについては、労働者が希望する場合に限られます。

3）聴取した意向（希望）に「配慮」して就業条件を決定する

聴取した意向に対して、事業主はこれに配慮して就業条件を決定する必要があるものとされています。「配慮」とは、必ずしも本人

1 育児・介護休業法の改正

図表31 「個別周知・意向確認」と「個別の意向聴取」の違い

区　分	個別周知・意向確認	個別の意向聴取
①実施時期	(i)(本人・配偶者の)妊娠・出産等の申し出があったとき(令4.4.1改正) (ii)子が3歳に達するまでの適切な時期(令7.10.1改正。2.(1)**解説**7)参照)	左記の2回の個別周知・意向確認措置を実施する際に併せて行うことも可能(令7.10.1改正)
②周知または聴取の内容	以下の事項を個別周知する (i)妊娠・出産の申し出があったとき ・育児休業、出生時育児休業に関する制度 ・上記制度の申し出先 ・育児休業給付および出生後休業支援給付に関すること ・育児休業、出生時育児休業期間中に負担すべき社会保険料の取り扱い (ii)子が3歳に達するまでの適切な時期 ・対象措置の内容 ・対象措置の申し出先 ・所定外労働の制限、時間外労働の制限、深夜業の制限に関する制度の内容	以下の事項について本人の意向(希望)を聴取する ・始業および終業の時刻 ・就業の場所 ・育児休業、その他各種両立支援の措置に関する利用期間 ・その他の就業に関する条件
③周知または聴取後の措置	上記で周知した制度(②の(i)では育児休業、出生時育児休業に関する制度、同(ii)では、対象措置および所定外労働の制限、時間外労働の制限、深夜業の制限に関する制度)の利用の有無について意向を確認する	聴取した本人の意向(希望)に配慮して就業条件を決定する

の希望のとおりの条件を提示しなければならないというものではありません。本人の意向を参考に検討した結果として、何らかの措置を行うかは、自社の状況や本人の業務内容等に応じて決定する(事業の状況・本人の業務内容等により措置を行うことができないということも考えられる)ことになります。

第2章 改正法の主な内容

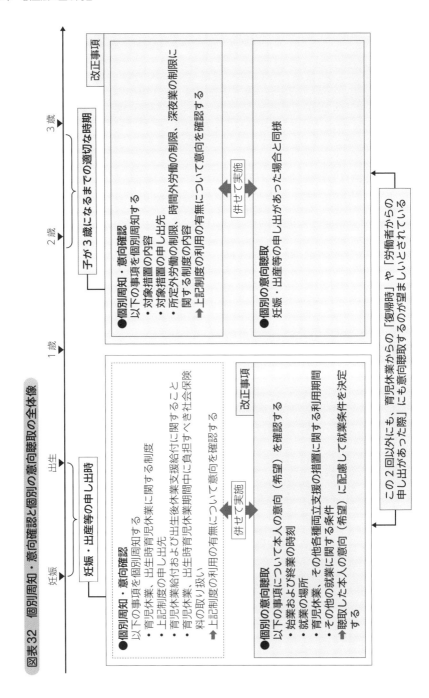

図表32 個別周知・意向確認と個別の意向聴取の全体像

配慮の取り組み例としては、勤務時間帯・勤務地に係る調整、業務量の調整、両立支援制度等の利用期間の見直し、労働条件の見直しなどが想定されます。なお、意向に沿うことが困難な場合には、その理由を対象者に説明するなどの対応が考えられます。

発展

1) 聴取の時期に関する望ましい措置

　上述のとおり意向聴取は、個別周知・意向確認と同じタイミングの「妊娠・出産等の申し出があったとき」と「子が3歳に達するまでの適切な時期」の2回行うこととされていますが、育児休業の取得期間（ひいては復帰の時期）は対象者によって異なります。子の心身発育状況や家庭環境も逐次変化することから、育介指針（第2－5の3(1)）では、以下のタイミングでも意向聴取を行うことが望ましいものとされています。

- 育児休業後の復帰時
- 労働者から申し出があったとき

　これらは個別周知・意向確認の時期としては設けられていないものの、休業から復帰する大きな環境の変化や労働者が仕事と育児の両立に何らかの支障を感じた際に必要な配慮を受けられるように、個別意向の聴取に望ましい実施時期として示されたものと考えられます。

　特に **実務** ポイント 3) で解説するとおり、育児休業からの復帰時の意向聴取は実務的には大きな意味を持つものです。実務に照らして効果的な措置となるように意向聴取の時期を検討する必要があります。

2) 配慮の内容に関する望ましい措置

　前述のとおり、聴取した意向に対する配慮の結果、どのような（どこまでの）対応を行うかは事業主の状況等に委ねられているものの、育介指針（第2－5の3(3)）においては次のとおり、意向に対する

配慮の範囲に関しても望ましい措置が例示されています。

- 子に障害がある場合や当該子が医療的ケアを必要とする場合であって、労働者が希望するときは、短時間勤務の制度や子の看護等休暇等の利用可能期間を延長すること
- 労働者がひとり親家庭の親である場合であって、労働者が希望するときは、子の看護等休暇等の付与日数に配慮すること

　配慮義務は、どこまで本人の意向を踏まえて措置を行うべきかが事業主に委ねられているため、どうしても案件ごとに対応が異なってしまうことが考えられます。**解説** 1）に記載したとおり、本改正の趣旨は子や家庭の状況等、労働者個々の事情に対する配慮です。育介指針に示された事例に関しては、あらかじめどのように対応するかを決めておくと、適切な配慮の範囲を決定するための一助になるかと思います。

実務 ポイント ··

1）意向聴取の実施イメージ

　実務上で実施する意向聴取を図式化してイメージすると［図表33］のような流れになることが想定されます。実運用においてどのような配慮を求める回答が多くなるか、施行日前段階でははっきりとした見込みを立てるのは難しいですが、以下の **2）3）**等に留意しつつ、個別に配慮内容を決定していくことになると思われます。

2）子および本人の状況確認の必要性

　これまで確認した制度の仕組みを前提に、意向聴取を実務上で実施することを考えてみましょう。

　意向聴取によって本人から就業に関する意向（希望）が示されたとして、どこまで配慮（特別な扱い）を行うかを判断するためには、本人がそのような配慮を求める理由（対象となる子や本人の置かれている家庭環境等）を把握する必要があります。具体的には、子が

図表33　意向聴取および配慮の実施イメージ

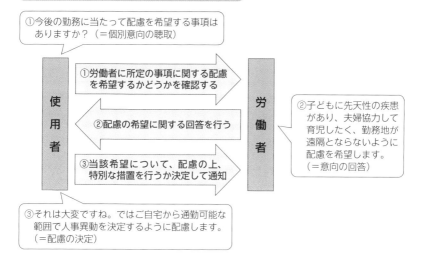

どのような疾病に罹患し、どのような医療的なケアが必要となるのか、どのような障害を有しているのか等が該当します。

　配慮を希望する背景は、解説 2)に記載する意向聴取の法定項目には設定されていませんが、会社が適切な配慮の内容を決定するためには重要な要素となるため、併せて聴取するとよいでしょう。

　なお、妊娠・出産等の情報や家族の介護に関する情報は、これを職場で明らかにしたくない等の事情がある者がいることが考えられるため、情報共有の範囲を必要最小限の者とする等の配慮をすることと育介指針（第2－13の4）で示されている点には留意が必要です。

3) 母性健康管理措置との関係

　実務として「妊娠・出産等の申し出があったとき」に実施する意向聴取を想定すると、「妊娠の申し出をした女性労働者」に聴取を行うことが考えられます。

　上記対象者が申し出のタイミングで置かれている状況を鑑みると、あくまで一例ではありますが、[図表34]のような聴取内容が

第2章　改正法の主な内容

図表34　「妊娠・出産等の申し出があったとき」に実施する意向聴取の想定（例）

対象者	状　況	意向聴取の内容として 想定されること
妊娠の申し出をした 女性労働者	妊娠中で就業している	妊娠中の体調不良による 出退勤時間等の調整

想定されます。

　この時点で労働時間や就業場所に関する希望を聴取すると、妊娠中の体調不良による訴えがなされる可能性があります。しかしこれは均等法に規定する母性健康管理措置※で対応すべき内容になります。

※医師等からの保健指導を受けて、女性労働者の就業について必要な措置を行うこと（通勤の緩和や休憩時間に関する措置など）。

　妊娠の申し出をした女性労働者については、当面は勤務を継続し、その後産前産後休業の取得も見込まれることとなるため、しばらくは育介法の各種制度を利用することはありません。そのため、労働者は将来子が出生した後に発生し得る状況を予想して意向を示さなければなりません。しかし実際は、このタイミングでは、まだ出生後の生活・働き方に関するイメージがなく、自身の就業や制度の利用期間について明確な考えがない場合も考えられます。

　それゆえ、個別周知・意向確認に併せて何の説明もなく意向聴取を行うと、必要な情報を得られない可能性もあるため、前述のとおり、子や家庭環境等の背景を同時にヒアリングし、併せて本制度によって配慮を行う趣旨も丁寧に説明していくことが、制度の適切な運用に不可欠といえるでしょう。

　また、子の心身の状況や家庭環境は成長に合わせて変化していくものだと考えると、より対象者のニーズに寄り添った運用とするためには、**発展** 1）の「聴取の時期に関する望ましい措置」として定められている育児休業からの「復帰時の意向聴取」を実施するこ

98

とが効果的であると考えられます。

4）意向聴取の手段

意向聴取は個別周知・意向確認と同時期に行うことから、意向確認の実施フォーマットに意向聴取の要素を追加して対応することが考えられます。例えば、意向確認は、個別周知した各種制度の利用の有無に関する希望を把握することが目的ですが、これに加えて勤務時間帯や就業場所、各種両立支援制度の利用期間等に関する本人の意向（希望）も同時に答えてもらえるように、欄を設けておく方法などが想定されます。第3章の厚生労働省ウェブサイト掲載の意向聴取書記載例の書式を参考に、意向確認フォーマットの改定を検討してください。

Q1：個別意向聴取の時期

個別意向聴取の時期は、具体的にはいつ行うのが適切でしょうか。

A1：妊娠・出産等の申し出時および子が3歳になるまでの適切な時期（子が1歳11カ月に達する日の翌々日から2歳11カ月に達する日の翌日までの間）に就業に関する条件についての意向聴取が義務づけられています。その他、育介指針（第2－5の3⑴）では育児休業からの復帰時や労働者から申し出があった場合に聴取することが望ましいとされています。

Q2：「意向」にはどこまで配慮すべきか

意向聴取時に、労働者から勤務時間帯や勤務地について変更希望があった場合、必ず応じなければなりませんか。あるいは、どの程度まで配慮すればよいでしょうか。

A2：「意向」に対する配慮としては、まず労働者の意向の内容を踏まえた検討を行うものとされていますが、労働者の希望のすべてに必ず応じなければならないというものではありません。事業所の状況に応じて、①始業・終業時刻、②就業の場所、③業務量、④育児休業等の制度または措置の利用期間、⑤その他労働条件といった事項について、希望になるべく沿えるように変更できる点を検討し対応していれば、配慮しているといえるでしょう。また、措置することが可能な代替案を会社が検討し、本人へ提示・了承を得た上で実施する等の対応も考えられます。

2 雇用保険法の改正
（令和7年4月1日施行）

(1)出生後休業支援給付金の創設(雇用保険法61条の10)

改正のポイント

夫婦ともに一定期間の育児休業等を取得した場合に、育児休業給付金または出生時育児休業給付金に上乗せして出生後休業支援給付金が支給されることとなりました。

| 改正前 | 規定なし |

| 改正後 | 子の出生直後の一定期間内に、被保険者とその配偶者の両方が14日以上の育児休業または出生時育児休業（以下、出生後休業）を取得した場合に、28日間を上限として休業開始時賃金の13%相当額が出生後休業支援給付金として給付される。 |

1)制度が設けられた背景

男性の育児休業取得率は、令和5年度の「雇用均等基本調査」で30.1%だったことが示され、令和4年度の17.13%に比較して上昇しました。しかしながら、育児休業取得期間（育児休業を終了し復職した者の取得した休業期間）を見ると、男性の場合は約6割が1カ月未満であり、2週間未満に限っても約4割となっています。一方で、女性は7割以上が10カ月以上24カ月未満の取得期間に集中

していることを考えると、依然として男性の育児休業は短期間の取得が中心であることが分かります。

既に夫婦共働きの世帯が7割を占める昨今の家庭状況を鑑みると、育児に関しても夫婦協力の下で「共育て」をさらに促進することが必要と考えられます。雇用保険制度にあっても、男性の育児休業取得率をさらに向上させ、取得期間を延ばすための措置を設けることが求められているといえるでしょう。

出生後休業支援給付金は、夫婦そろって育児休業または出生時育児休業を取得した場合に給付金を上乗せ支給するインセンティブを設けることによって、一層の育児休業取得率向上を見込む制度です。また、当該給付金は出生直後の一定期間内に、通算14日以上の休業を取得した場合のみ給付される仕組みとなっているため、男性を中心として育児休業・出生時育児休業をより長く取得する意識やモチベーションの向上を目的とした設計となっていると考えられます。

2)給付金制度概要

出生後休業支援給付金の仕組みを整理すると、[図表35]のとおりとなります。

また、給付金の受給イメージを図式化すると、[図表36]のようになります。申請の実務については後段の 実務 ポイント で解説し

図表35 出生後休業支援給付金の仕組み

項　目	内　容
支給日数	出生後休業※を取得した日数（最大28日間） ※出生後休業の解説は3）支給要件を参照
支給額	賃金日額※の13% ※休業開始日直前の6カ月間に支払われた賃金（賞与や臨時に支払われた賃金等は除く）の合計を180（日）で除した金額
支給方法	原則として育児休業給付（育児休業給付金または出生時育児休業給付金）に上乗せして支給する

2 雇用保険法の改正

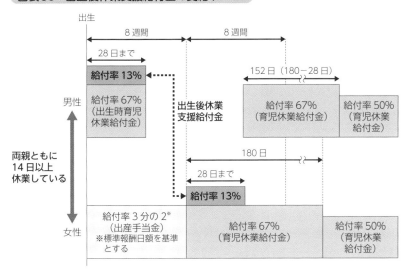

図表36　出生後休業支援給付金の受給イメージ

ますが、両親ともに一定期間内に産後休業や育児休業等を取得した場合に、育児休業給付に上乗せして賃金日額の13％を出生後休業支援給付金として支給する仕組みとなっています。

なお、本給付金は育児休業給付に連動する制度となっているため、[図表36]のように女性が産後休業を取得する場合は、男性とは受給のタイミングが異なります。

3）支給要件

出生後休業支援給付金の支給要件は、次のとおりです。
①対象期間中に14日以上の出生後休業を取得していること［図表37］
②出生後休業を開始した日前2年間にみなし被保険者期間が12カ月以上あること［図表39］
③配偶者が14日以上の出生後休業を取得していること（例外：[図表41]）

図表37 支給要件①の用語解説

用　語	解　説
対象期間	対象となる子の出生日または出産予定日のうちいずれか早い日から、もう一方の日から起算して8週間（産後休業を取得する女性労働者の場合は16週間）を経過する日の翌日までの期間 ※産後休業を取得する女性労働者の場合は、［図表38］のとおり。
出生後休業	対象期間中に取得する育児休業または出生時育児休業

図表38 産後休業を取得する女性労働者の場合

産後休業期間の8週間が加わることで、下記①～③の「16週間」を経過する日の翌日までの期間が「対象期間」となる。

①予定日「当日」に出産した場合

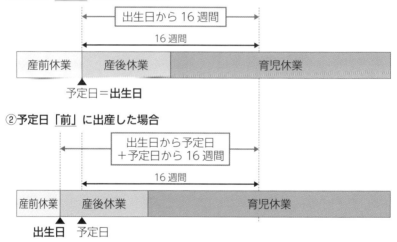

②予定日「前」に出産した場合

③予定日「後」に出産した場合

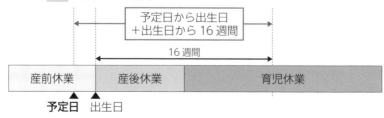

2 雇用保険法の改正

図表39　支給要件②の用語解説

用　語	解　　説
出生後休業を開始した日前2年間	原則は出生後休業の開始日前24暦月のことだが、当該期間に疾病・負傷その他厚生労働省令で定める理由により引き続き30日以上賃金の支払いを受けることができなかった者については、当該理由により賃金の支払いを受けることができなかった日数を2年間に加算した期間とする（最大4年間）
みなし被保険者期間	出生後休業開始日を被保険者でなくなった日（資格喪失日）とみなして雇用保険法14条の規定を適用した場合の被保険者期間に相当する期間のこと。 具体的には、［図表40］のように休業を開始した日の前日からさかのぼって被保険者であった期間を1カ月ごとに区分し、各区分期間のうち賃金支払基礎日数※が11日以上（11日以上の月が12カ月ない場合には、就業している時間数が80時間以上）あるものを1カ月として計算したものをいう ※賃金支払基礎日数：賃金の支払いの対象となった日数。時給制・日給制の労働者の場合は、対象期間中に就労した日数をカウントし、月給制の場合は、欠勤控除がない限り対象期間の暦日数となる

図表40　みなし被保険者期間の算定例（時給制・日給制）

休業を開始した日＝2025/8/11

	休業開始前日から1カ月で区分した期間	賃金支払基礎日数（賃金が支払われた日）	判定	
1	2025/ 7/11〜2025/ 8/10（休業開始前日）	20日	○	
2	2025/ 6/11〜2025/ 7/10	19日	○	
3	2025/ 5/11〜2025/ 6/10	16日	○	
4	2025/ 4/11〜2025/ 5/10	9日（就業している時間72時間）	×	
5	2025/ 3/11〜2025/ 4/10	15日	○	休業開始前24カ月のうち12カ月以上「○」の月が必要
6	2025/ 2/11〜2025/ 3/10	16日	○	
7	2025/ 1/11〜2025/ 2/10	18日	○	
8	2024/12/11〜2025/ 1/10	19日	○	
9	2024/11/11〜2024/12/10	21日	○	
10	2024/10/11〜2024/11/10	20日	○	
11	2024/ 9/11〜2024/10/10	18日	○	
12	2024/ 8/11〜2024/ 9/10	18日	○	
13	2024/ 7/11〜2024/ 8/10	19日	○	
…24				

第2章　改正法の主な内容

図表41　支給要件③の例外

子の出生日の翌日において、以下の要件に該当する場合、③の支給要件（配偶者が14日以上の出生後休業を取得していること）を満たさなくても出生後休業支援給付金を受給することが可能です。

❶配偶者がいない場合（配偶者が行方不明の場合を含む）

❷対象となる子が配偶者の子ではない（子が配偶者と法律上の親子関係がない）場合

❸配偶者から暴力を受け別居している場合

❹配偶者が無業者（就労していない）である場合

❺配偶者が雇用保険の適用事業に雇用される労働者ではない者（役員やフリーランス等）である場合

❻配偶者が産後休業を取得している場合

❼その他厚生労働省令で定める者※に該当する場合

　※「その他厚生労働省令で定める者」とは

　　配偶者が日雇労働者の場合、配偶者が期間雇用者で子の出生日から8週間を経過する日の翌日から6カ月を経過する日までに労働契約が満了することが明らかな場合、配偶者が労使協定により育児休業または出生時育児休業の取得を拒まれたとき、その他公共職業安定所長が認める場合（配偶者が公務員であって任命権者より育児休業が承認されなかったとき、配偶者が適用事業に雇用されるが一般・高年齢被保険者ではない場合、配偶者が育児休業給付の受給資格がない場合、配偶者が〔出生時〕育児休業を取得するものの会社の制度が有給の休業であるため給付金が支給されない場合）

4）支給要件確認フローチャート

　前記3）の支給要件③をより端的にフローチャート化すると、[図表42]のようになります。父親（男性の受給対象者）に関しては、配偶者である母親の出生後休業が14日以上取得されなかったとしても、必ず何らかの例外の事由に該当するため、子が養子である場合を除き、原則は支給対象となると整理することができます。一方、母親については上記［図表41］❻以外の事由に該当するかを順に確認し、いずれにも該当しない場合は配偶者である父親の出生後休業の取得有無を把握しなければなりません。

106

2 雇用保険法の改正

図表42 出生後休業支援給付金の支給要件確認フローチャート

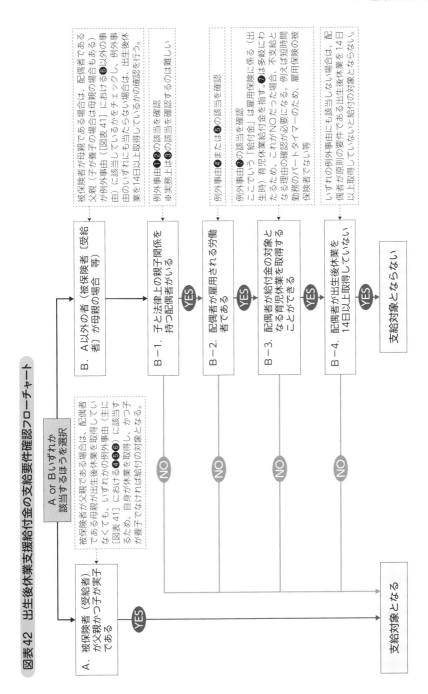

第2章　改正法の主な内容

図表43　経過措置の適用判断のためのフローチャート

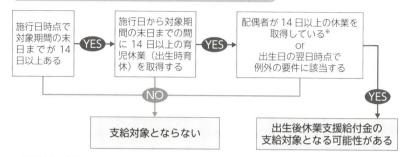

※配偶者の休業については、産後8週間以内で取得する14日の休業が施行日前の期間であっても支給対象となる。

また、出生後休業支援給付金の支給対象となる経過措置が適用されるためには、①子の出生日と②取得中の育児休業の終了日について、以下の要件をそれぞれ満たすことが必要。

①子が令和7年2月17日以降に出生している（または予定日が令和7年2月17日以降だった）※1
（出産した女性の場合は上記の日付が令和6年12月23日）
②育児休業の終了日が令和7年4月14日以降である※2
※1　対象期間（出生日から起算して8週間〔出産した女性の場合16週間〕を経過した日の翌日）に4月14日を含むこととなるため。
※2　施行日（4月1日）から起算して14日以上の休業が必要となるため。

発展

本給付金に係る改正法の施行日である令和7年4月1日時点で既に育児休業中の場合でも、施行日以降の育児休業に対してのみ出生後休業支援給付金を受給できる場合があります。対象となるケースをフローチャートで整理すると、［図表43］のとおりとなります。

実務ポイント

1）出生後休業支援給付金を受給するためのポイント

原則として本給付金を受給するためには対象者本人と配偶者の

両方が 14 日以上の出生後休業を取得する必要がありますが、前掲
[図表 41]（支給要件③の例外）に記載するとおり、配偶者が産後
休業を取得している場合、配偶者の出生後休業が 14 日以上の要件
は除外されることとなります。

　産後休業は労働基準法で取得が義務づけられた休業（産後 6 週間
が経過した労働者が希望し、医師の許可がある場合は就業可能）の
ため、女性労働者が出産する場合は原則取得が見込まれます。した
がって、本給付金を受給することができるかは、出生後 8 週間以内
に男性労働者が育児休業を 14 日以上取得できるかによって決まる
ケースが多くなると想定され、この点は妊娠・出産等の報告を受け
た際の個別周知・意向確認を実施する際などに、しっかりと伝える
ことが望まれます。

　なお、出生後休業は分割して 14 日以上取得することでも問題あ
りませんが、出生後休業支援給付金の支給は、（出生時）育児休業
給付金の支給対象となる回数までに制限されています。

2）配偶者の育児休業の取得有無の確認

　上述のとおり、出生後休業支援給付金を受給するには、配偶者が
原則として出生後休業を取得している必要があります。よって、給
付金申請の事務を漏れなく効率的に実施するには、配偶者に産後休
業・育児休業の取得予定があるかどうかを休業の申し出時に把握す
ることが重要です。

　厚生労働省モデルの育児休業申出書には配偶者の育児休業取得予
定を確認する欄が設けられていますが、あくまでパパ・ママ育休プ
ラスの申し出に関する確認のために利用されることを想定していま
すので、[図表 44]のとおり、項目の追加を検討いただければと思
います。配偶者が雇用保険の被保険者となっていない場合など、配
偶者の育児休業の取得がない場合でも給付の対象となる場合がある
ことから、単に休業の有無を確認するだけでなく、支給要件の例外
に該当するかどうかの確認も行う必要があることに、注意が必要で

第2章　改正法の主な内容

図表44　育児休業申出書への追記　（申出書の詳細は、190ページ参照）

（出生時）育児休業申出書

　　　　　　　殿

　　　　　　　　　　　　　　　　　　　　　[申出日]　　　年　　月　　日
　　　　　　　　　　　　　　　　　　　　　[申出者] 所属
　　　　　　　　　　　　　　　　　　　　　　　　　　氏名

　私は、育児・介護休業等に関する規則（第3条・第6条）に基づき、下記のとおり（出生時）育児休業の申出をします。

記

1　休業に係る子の状況	(1)　氏名	
	(2)　生年月日	
	(3)　本人との続柄	
	(4)　養子の場合、縁組成立の年月日	年　　月　　日
	(5)　(1)の子が、特別養子縁組の監護期間中の子・養子縁組里親に委託されている子・養育里親として委託された子の場合、その手続きが完了した年月日	年　　月　　日

「6　休業に係る配偶者の状況」を把握できるよう、項目を追加

6　休業に係る配偶者の状況		
6-1　配偶者の有無	有　・　無	
6-2　配偶者の産後休業または育児休業取得（予定） （6-1が「有」の場合のみ記入）	有　・　無 （産後休業　・　育児休業）	左記「有」の場合 配偶者の休業（予定）期間 ①　　　年　　月　　日から 　　　　年　　月　　日まで ②　　　年　　月　　日から 　　　　年　　月　　日まで
6-3　配偶者の雇用保険被保険者番号 （6-2が「有」で「育児休業」の場合のみ記入）	_____ － _____ － ___ ※前4桁－中6桁－後1桁（全11桁の番号）	
6-4　出生後休業支援給付金の申請に係る例外事由の確認 （6-2が「無」の場合のみ記入）	右記のいずれかに該当 する　・　しない ※「する」にチェックをされた場合は、給付金の支給対象となる可能性があるため、後日該当事由に関連する資料の提出を依頼する場合があります。	・専業主婦（夫）等の無業者 ・役員や自営業、フリーランス等で被雇用者ではない ・日々雇用、短期・パートタイム等で雇用保険の被保険者ではない ・その他特別な事情がある場合 　（その理由：　　　　　　　）

110

す。

> **●追加する項目**
> - 配偶者の有無
> - 配偶者の産後休業または育児休業の取得（予定）の有無および
>   その期間
> - 配偶者の雇用保険被保険者番号（育児休業の取得予定「有」の
>   場合）
> - 出生後休業支援給付金の申請に係る例外事由の確認（産後休業・
>   育児休業の取得予定「無」の場合）

3）申請の実務および提出書類

　本給付金は原則として育児休業給付金および出生時育児休業給付金と同時に申請することとなります。申請書類は本給付金を同時に申請する必要があることから、「育児休業給付受給資格確認票・（初回）育児休業給付金／出生後休業支援給付金支給申請書」または「育児休業給付受給資格確認票・出生時育児休業給付金／出生後休業支援給付金支給申請書」に名称が改定されています。前記 **2）** で確認した事項を証明する下記の書類を添付して、育児休業給付金の場合は育児休業を開始した日から起算して 4 カ月を経過する日の属する月の末日までに、出生時育児休業給付金の場合は子の出生日または出産予定日のうち遅いほうから起算して 8 週間を経過する日[※]の翌日から起算して 2 カ月を経過する日の属する月の末日までに申請してください。

※ 2 回目の出生時育児休業を取得した場合は 2 回目の終了日、出生時育児休業期間が
　 28 日に達した場合はその日に読み替えます。

> **●添付書類（〔出生時〕育児休業給付金に係る添付書類を含む）**
> 　❶❷の両方。❸は該当する場合のみ。
> ❶賃金台帳、労働者名簿、出勤簿、タイムカード、育児休業申出
> 　書、育児休業取扱通知書など

第2章　改正法の主な内容

> ※（出生時）育児休業を開始・終了した日、賃金の額と支払い状況を証明できる
> もの
>
> ❷母子健康手帳（出生届出済証明のページと分娩予定日が記載さ
> れたページ）、住民票、医師の診断書（分娩〔出産〕予定日証明書）
> など
>
> ※育児の事実、出産予定日および出生日を確認することができるもの（写し可）
>
> ❸出生後休業支援給付金の支給要件を満たしていることが確認で
> きる書類
>
> ※［図表45］および［図表46］参照

図表45　配偶者が出生後休業を14日以上取得する（原則の要件を満たす）場合の添付書類

区　分	添付書類	申請上の留意点
配偶者が雇用保険被保険者である場合	世帯全員について記載された住民票（続柄あり）の写し等、支給対象者の配偶者であることを確認できるもの	支給申請書に「配偶者の雇用保険被保険者番号」の記載が必要
配偶者が公務員である場合（公務員でも雇用保険の被保険者である場合は除く）	①世帯全員について記載された住民票（続柄あり）の写し等、支給対象者の配偶者であることを確認できるものおよび②育児休業の承認を行った任命権者からの通知書の写し、または、育児休業手当金の支給決定通知書の写しなど、配偶者の育児休業の取得期間を確認できるもの	支給申請書に「配偶者の育児休業開始年月日」の記載が必要

112

2　雇用保険法の改正

図表46　配偶者が［図表41］における例外事由に該当する場合の添付書類

- 出生後休業支援給付金は、原則として被保険者とその配偶者の両者の育児休業取得が必要だが、子の出生日の翌日における配偶者の状態が下表に該当する場合は、配偶者の育児休業取得は不要。該当する場合は、支給申請書に該当する番号を記載して、以下の確認書類を添付する。
- 被保険者の配偶者が子を出産している場合（被保険者が父親、かつ、子が養子でない場合）は、被保険者の配偶者が子の出生日の翌日において「配偶者の育児休業を要件としない場合」のいずれかに該当することから、母子健康手帳（出生届出済証明のページ）または医師の診断書（分娩〔出産〕予定日証明書）（いずれも写し可）を提出すれば、下表に記載の確認書類を省略することができる。ただし、支給申請書の「配偶者の状態」欄には下表の該当する番号を記載する。

子の出生日の翌日における 配偶者の状態	番号	確認書類
配偶者がいない	1	①戸籍謄（抄）本（抄本の場合は被保険者本人のもの）および世帯全員について記載された住民票（続柄あり）の写し または ②被保険者がひとり親を対象とした公的な制度を利用していることが確認できる書類（遺族基礎年金の国民年金証書、児童扶養手当の受給を証明する書類、母子家庭の母等に対する手当や助成制度等を受給していることが確認できる書類など、いずれか一つで可）
配偶者が行方不明（配偶者が雇用される労働者であり勤務先において3カ月以上無断欠勤が続いている場合または災害により行方不明となっている場合に限る。）	1	①世帯全員について記載された住民票（続柄あり）の写し等、支給対象者の配偶者であることを確認できるもの および ②配偶者の勤務先において無断欠勤が3カ月以上続いていることについて配偶者の事業主が証明したもの、または、罹災証明書
配偶者が被保険者の子と法律上の親子関係がない	2	戸籍謄（抄）本（抄本の場合は被保険者本人および対象の子のもの。住民票において、被保険者の配偶者が世帯主となっており、対象の子との続柄が「夫の子」または「妻の子」となっている場合は、住民票（続柄あり）の写しでも可）
配偶者から暴力を受け、別居中	3	裁判所が発行する配偶者暴力防止法10条に基づく保護命令に係る書類の写し、女性相談支援センター等が発行する配偶者からの暴力の被害者の保護に関する証明書（雇用保険用）のいずれか
配偶者が無業者	4	①世帯全員について記載された住民票（続柄あり）の写し等、支給対象者の配偶者であることを確認できるもの および ②配偶者の直近の課税証明書（収入なしであることの確認のため） ※課税証明書に給与収入金額が記載されている場合は、事業主発行の退職証明書の写しなど子の出生日の翌日時点で退職していることが分かる書類も必要。 ※配偶者が基本手当を受給中であれば、配偶者の直近の課税証明書に代えて受給資格者証の写しを添付書類とすることができる。
配偶者が自営業者やフリーランスなど雇用される労働者でない	5	①世帯全員について記載された住民票（続柄あり）の写し等、支給対象者の配偶者であることを確認できるもの および ②配偶者の直近の課税証明書（所得の内訳の事業所得に金額が計上されており、給与収入金額が計上されていないことを確認するため） ※課税証明書に給与収入金額が記載されている場合は、給与収入金額が雇用される労働者としてのものであれば、事業主発行の退職証明書の写しなど子の出生日の翌日時点で退職していることが分かる書類が必要。給与収入金額が労働者性のない役員の役員報酬である場合や、各種法律に基づく育児休業がない特別職の公務員の場合は、その身分を証明する書類（役員名簿の写しや、身分証の写しなど）も必要。
配偶者が産後休業中	6	母子健康手帳（出生届出済証明のページ）、医師の診断書（分娩〔出産〕予定日証明書）、出産育児一時金等の支給決定通知書のいずれか
上記以外の理由で配偶者が育児休業をすることができない	7	①世帯全員について記載された住民票（続柄あり）の写し等、支給対象者の配偶者であることを確認できるもの および ②配偶者が給付金の対象となる育児休業をすることができないことの申告書（［図表47］参照）および申告書に記載された必要書類

資料出所：厚生労働省「出生後休業支援給付金において配偶者の育児休業を要件としない場合の添付書類について」を一部改変。

113

第2章 改正法の主な内容

図表47 配偶者が給付金の対象となる育児休業をすることができないことの申告書

配偶者が給付金の対象となる育児休業をすることができないことの申告書

以下に記載する私の配偶者は、出生後休業支援給付金の対象となる子の出生の翌日時点で、以下の理由により給付金の対象となる育児休業をすることができないことを申告します。

フリガナ		配偶者の生年月日
配偶者の氏名		昭和 平成　　　年　　　月　　　日生

※ 該当するチェック欄（いずれか一つ）に✓を入れ、該当する必要書類を添付してください。

チェック欄	配偶者が給付金の対象となる育児休業をすることができない理由	必要書類
☐	①日々雇用される者であるため	・労働条件通知書等労働契約の内容がわかる書類の写し ※日雇労働被保険者の場合は、下の欄に配偶者の被保険者番号を記入していただければ、書類は不要です。 （　　　　　－　　　　　－　　　　　）
☐	②出生時育児休業の申出をすることができない有期雇用労働者（※）であるため ※ 子の出生日または出産予定日のうち遅い日から起算して8週間を経過する日の翌日から6か月を経過する日までに労働契約が満了することが明らかな有期雇用労働者が該当します。	・労働条件通知書等労働契約の内容がわかる書類の写し ※以下の欄も記入してください。 　労働契約の終了予定日　　令和　　年　　月　　日 　子の出生日または出産予定日のうち遅い日 　　　　　　　　　　　令和　　年　　月　　日
☐	③労使協定に基づき事業主から育児休業の申出又は出生時育児休業の申出を拒まれたため ⇒労使協定に基づき事業主が申出を拒むことができるのは次のいずれかに該当する場合に限られます。該当するものに〇をつけてください。 ㋐子の出生の翌日時点の勤務先の事業主に継続して雇用された期間が1年に満たない場合 ㋑育児休業申出の日から1年以内に雇用関係が終了することが明らかである場合 ㋒出生時育児休業の申出の日から8週間以内に雇用関係が終了することが明らかである場合 ㋓1週間の所定労働日数が2日以下の場合	・左記㋐～㋓のいずれかに該当することが確認できる労働条件通知書等労働契約の内容がわかる書類の写し
☐	④公務員であって育児休業の請求に対して任命権者から育児休業が承認されなかったため	・任命権者からの不承認の通知書の写し
☐	⑤雇用保険被保険者ではないため、育児休業給付を受給することができない ※共済組合の組合員である公務員の場合は該当しません。	・雇用保険被保険者でないことの証明書 （1週間の所定労働時間が20時間未満の場合は、労働条件通知書等労働契約の内容がわかる書類に代えることも可。）
☐	⑥短期雇用特例被保険者であるため、育児休業給付を受給することができない	・下の欄に、配偶者の被保険者番号を記入してください。（必要書類はありません。） （　　　　　－　　　　　－　　　　　）
☐	⑦雇用保険被保険者であった期間が1年未満のため、育児休業給付を受給することができない	
☐	⑧雇用保険被保険者であった期間は1年以上あるが、賃金支払いの基礎となる日数や労働時間が不足するため、育児休業給付を受給することができない	・賃金支払状況についての証明書（子の出生の翌日時点における配偶者の勤務先の事業主が証明したもの） ※子の出生の翌日時点における配偶者の勤務先における被保険者であった期間が1年未満の場合は、下の欄に配偶者の被保険者番号を記入いただければ、証明書は不要です。 （　　　　　－　　　　　－　　　　　）
☐	⑨配偶者の勤務先の出生時育児休業又は育児休業が有給の休業であるため、育児休業給付を受給することができない ※有給でなければ出生時育児休業給付金または育児休業給付金が支給される休業を、期間内に通算して14日以上取得している必要があります。	・育児休業証明書及び育児休業申出書等 ※配偶者が賃金が支払われたことにより既に不支給決定を受けている場合は、下の欄に配偶者の被保険者番号を記入いただければ、育児休業証明書及び添付書類は不要です。 （　　　　　－　　　　　－　　　　　）

令和　　年　　月　　日　　　　　　　　　　　　　　　氏　名
　　公共職業安定所長　殿

資料出所：厚生労働省「育児休業等給付の内容と支給申請手続（令和7年1月1日改訂版）」
　　　　　（[図表48～50]も同じ）

図表49　賃金支払状況についての証明書

賃金支払状況についての証明書

下記の者は、当事業所において雇用保険被保険者の資格を取得していますが、被保険者の子の出生日以前2年間に賃金支払基礎日数が11日以上ある（ない場合は賃金の支払いの基礎となった時間数が80時間以上の）完全月が12か月に満たないことを証明します。

記

被保険者の氏名	（フリガナ）
被保険者番号	―　　　―　　　―
被保険者の子の出生年月日	令和　　　年　　　月　　　日
被保険者の子の出生日以前2年間に賃金支払基礎日数が11日以上ある（ない場合は賃金の支払いの基礎となった時間数が80時間以上の）完全月の月数	か月

令和　　　年　　　月　　　日

事業所所在地
事業所名称
事業主名
連絡先電話
担当者氏名

図表48　雇用保険被保険者でないことの証明書

雇用保険被保険者でないことの証明書

下記の者は、雇用保険被保険者でないことを証明します。

記

フリガナ
氏　名：
生年月日：昭和・平成　　　年　　　月　　　日
住　所：〒

令和　　　年　　　月　　　日

以上

事業所所在地
事業所名称
事業主名
連絡先電話
担当者氏名

第2章　改正法の主な内容

図表50　育児休業証明書

育児休業証明書

　当社においては、育児休業中も賃金を支払っているため、従業員が育児休業給付を受給することができません。

　当社の従業員である下記の者につきまして、子の出生後8週間の期間（注）の出生時育児休業期間または育児休業期間の就業状況等は下記のとおりであり、賃金の支払いがなければ出生時育児休業給付金又は育児休業給付金の支給要件を満たす休業を、通算して14日以上取得していることを、証明いたします。

記

1　従業員の氏名　＿＿＿＿＿＿＿＿＿＿＿＿＿＿＿＿＿

2　従業員の被保険者番号　＿＿＿＿＿＿＿＿＿＿＿＿＿

3　出産年月日　令和　　年　　月　　日　　4　出産予定日　令和　　年　　月　　日

4　出生時育児休業の期間及び就業の状況
　①令和　年　月　日 ～ 令和　年　月　日　就業日数　　日（就業時間　　時間）
　②令和　年　月　日 ～ 令和　年　月　日　就業日数　　日（就業時間　　時間）

　就業時間はそれぞれの期間において、就業日数が10日（出生時育児休業の取得日数が28日に満たない場合は、当該取得日数を28日で除して得た率に応じた就業日数）を超える場合に記入してください。

5　育児休業の期間及び就業の状況
　①令和　年　月　日 ～ 令和　年　月　日　就業日数　　日（就業時間　　時間）
　②令和　年　月　日 ～ 令和　年　月　日　就業日数　　日（就業時間　　時間）

　就業時間はそれぞれの期間において、就業日数が10日を超える場合に記入してください。

上記の記載事実に相違ありません。
令和　　年　　月　　日
　○○公共職業安定所　殿

　　　　　　　　　　　　　　事業所名　＿＿＿＿＿＿＿＿＿＿
　　　　　　　　　　　　　　所在地　　＿＿＿＿＿＿＿＿＿＿
　　　　　　　　　　　　　　事業主名　＿＿＿＿＿＿＿＿＿＿
　　　　　　　　　　　　　　連絡先電話＿＿＿＿＿＿＿＿＿＿
　　　　　　　　　　　　　　担当者氏名＿＿＿＿＿＿＿＿＿＿

※　育児休業申出書、育児休業取扱通知書等、記載された出生時育児休業又は育児休業の期間が確認できる書類を添付してください。

（注意）従業員の配偶者が出生後休業支援給付金の支給申請を行った後で、証明書の内容が偽りであったことが判明した場合は、従業員の配偶者が不正に受給した金額の返還と更にそれに加えて一定の金額の納付を命ぜられることがあります。

（注）子の出生後8週間の期間とは、子の出生の日から起算して8週間を経過する日の翌日まで（出産予定日前に当該子が出生した場合にあっては当該出生の日から当該出産予定日から起算して8週間を経過する日の翌日までとし、出産予定日後に当該子が出生した場合にあっては当該出産予定日から当該出生の日から起算して8週間を経過する日の翌日までとする。）の期間をいいます。

Q1：同じ子について、2回に分けて休業を取得した場合

同じ子について、2回に分けて休業を取得した場合でも、出生後休業支援給付は受給できますか。

A1：受給可能です。法定の1歳までの育児休業または出生時育児休業は原則2回に分割して取得ができますので、その休業に対して育児休業給付金または出生時育児休業給付金が受給できる場合には、出生後休業支援給付金も受給できることになります。ただし、対象期間内の「給付対象出生後休業」が14日以上である必要があり、受給できる日数は最大28日間までです。

Q2：産休を挟んで連続して育児休業を取得する場合

育児休業中の社員が連続して産休を取得し、育児休業を取得する場合も受給できますか。

A2：**解説** 3)にあるとおり、出生後休業支援給付金の受給資格要件として「出生後休業を開始した日前2年間に、みなし被保険者期間（賃金支払基礎日数が11日以上ある期間）が通算して12カ月以上であること」がありますので、育児休業および産休が連続し、かつ無給だった場合は、この要件を満たさない可能性があります。

ただし、みなし被保険者期間の算定に当たって、この2年間に「出産」に関わる休業期間があった場合は、当該休業に係る期間の最大2年間を加算して（合計4年間）算定対象とすることができます。また、産後休業をした者についてみなし被保険者期間が12カ月未満となるときは、特例基準日（産前休業開始日等）前2年間（最大4年間）に12カ月以上あれば要件を満たすこととされています。このように受給要件

第2章　改正法の主な内容

を緩和し、12カ月以上のみなし被保険者期間があれば、出生後休業支援給付金を受給できます。

Q3：配偶者の育児休業の取得有無の確認方法

　配偶者の育児休業の取得有無はどのように確認すればよいでしょうか。

A3：まずは、 実務 ポイント 2）で解説したとおり、育児休業申出書により自己申告してもらうことで把握することが考えられます。ただし、出生後休業支援給付金の申請に当たっては、「被保険者の配偶者が給付対象出生後休業をしたことまたは被保険者がその配偶者の給付対象出生後休業の取得を要件としない場合に該当すること」を証明する書類を提出しなければなりませんので、併せて証明書類を提出してもらうことも必要です。 実務 ポイント 3）に記載のとおり、配偶者が雇用保険の被保険者である場合は、「配偶者の雇用保険被保険者番号」を記載することにより、世帯全員について記載された住民票の写し等配偶者関係が確認できる書類さえあれば、他の証明書類等がなくとも申請が可能です。また、配偶者が公務員であり雇用保険の被保険者でない場合は、「育児休業の承認を行った任命権者からの通知書の写し」または「育児休業手当金の支給決定通知書の写し」など、配偶者の育児休業の取得期間を確認できるものの提出を促す必要があります。

　さらに、本給付金は必ずしも配偶者出生後休業に関する要件を満たさなくとも受給できる可能性があるため、[図表42]のフローチャートに当てはめ、配偶者の休業に関する例外事由に該当しないかを併せて確認いただければと思います。

(2)育児時短就業給付金の創設(雇用保険法61条の12)

> **改正のポイント**
>
> 子が2歳に達するまでの間に育児時短勤務の措置を利用した場合に、「育児時短就業給付金」が支給されることとなりました。

| 改正前 | 規定なし |

| 改正後 | 子が2歳に達するまでの間に育児時短勤務の措置を利用したことにより、短時間勤務の開始前と比較して賃金が低下した場合、一定の要件を満たすときには低下後の賃金の最大10%が「育児時短就業給付金」として支給される |

1)制度が設けられた背景

政府が民間委託により実施した労働者の意識調査によれば、末子が1歳に達するまでの女性労働者(正社員・職員)の両立支援制度利用に関する希望は、「長期の休業を取得する」(57.6%)が最も高い回答比率となっています。一方、2歳に達するまでの期間に係る回答は「育児のための短時間勤務制度を利用して働く」が最も比率が高くなっており(38.8%)、「長期の休業を取得する」(13.2%)を上回っています。この調査結果から、子が1歳から2歳にかけて所定労働時間を短縮する制度(以下、育児時短勤務)を利用することによる復職に対するモチベーションの高まりが見て取れます。

育児時短就業給付金は、2歳未満の子を養育する労働者に対して、ニーズの高い育児時短勤務を行う際の稼得補償を雇用保険給付として制度化することにより、早期復職にインセンティブを設けること

第2章　改正法の主な内容

を意図して設けられたものと考えられます。

　育児休業により一時的に中断した勤務キャリアを再開する労働者に対して、時短勤務制度を設けることで育児との両立を支援することは、「共働き・共育て」の推進という観点からも重要な施策であるといえます。

2）給付金制度概要

　育児時短就業給付の仕組みを整理すると、［図表51］のとおりとなります。

　また、育児時短就業給付の受給例を図式化すると、［図表52］のようになります。同じ雇用保険に関する給付制度の中では、60歳到達後の賃金に対して一定の支給率を乗じて得た額を給付する高年齢雇用継続給付に似た仕組みとなっています。

　給付申請の実務は後段の **実務** ポイント で解説しますが、育児時短勤務を開始した月から終了した月までを支給対象月として手続きを行うこととなります。したがって、例えば月の中途で育児休業を終了し、翌日から引き続き育児時短勤務を行った場合でも、育児時短勤務を開始した月から支給申請を行うことができます。ただし、

図表51　育児時短就業給付の仕組み

項　目	内　容
支給期間	2歳に満たない子を養育する労働者が育児時短勤務※を開始した月から終了する月まで（ただし、月の初日から末日まで引き続いて育児休業給付金や出生時育児休業給付金等の支給を受けることができる休業をしなかった月に限る） ※1日の所定労働時間を短縮する措置に加えて、週休3日とするなど1週間の所定労働時間を短縮する措置も含む
支給額	支給期間中に支払われた賃金に最大10%の厚生労働省令で定める率（以下、給付率※）を乗じた額 ※給付率は支給対象月の賃金の低下率により変動
支給方法	1または連続する2の支給対象月※ごとに支給する（2回目以降の申請においては原則として2の対象月ごとに支給）

図表52　育児時短就業給付の受給イメージ

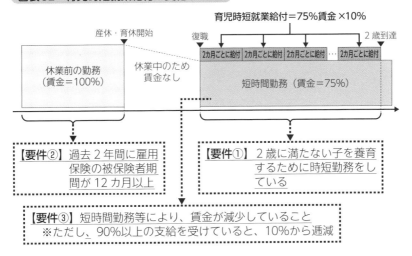

月の初日から末日まで引き続いて育児休業給付金や出生時育児休業給付金等を受けることができる休業をした月は対象外となります。

また、稀なケースですが、同一の就業について高年齢雇用継続給付の支給を受けることができる場合は育児時短就業給付と併給はできず、どちらを受けるのか選択することになります。

3)支給要件

育児時短就業給付の支給要件は、次のとおりです。

① 2歳に満たない子を養育するため（2歳の誕生日の前々日までの間）に育児時短勤務をしていること
② 育児時短勤務を開始した日前2年間にみなし被保険者期間が12カ月以上あること（例外：[図表53]）
③ 支給対象月に支払われた賃金の額が「支給限度額」（厚生労働省が作成する賃金構造基本統計調査の結果を基に厚生労働大臣が決定する額）未満であること

4)支給額の計算方法

育児時短就業給付の支給額は、支給対象月に支払われた賃金の額

（以下、時短後の賃金）に最大 10％の給付率を乗じて決定されます（ただし、「支給限度額 − 時短後の賃金」を上限額とする）が、時短後の賃金の額によって、[図表 54]のとおり給付率が変動します。

　なお、[図表 54]の計算式により算出された金額が、雇用保険法17 条 4 項 1 号に規定する額（基本手当における賃金日額の最低額）の 80％を超えない額となった場合は、育児時短就業給付は支給されません。

図表53　支給要件②の例外

（出生時）育児休業給付金の支給対象となる（出生時）育児休業に引き続き※育児時短勤務を行う場合は、支給要件②（育児時短勤務を開始した日前 2 年間にみなし被保険者期間が 12 カ月以上あること）を満たさなくても育児時短就業給付を受給することが可能。
なお、「育児時短勤務を開始した日前 2 年間」や「みなし被保険者期間」の考え方は、(1)の出生後休業支援給付金の支給要件に関する解説に記載した内容と同様。
※（出生時）育児休業終了日から育児時短勤務を開始した日までの期間が 14 日以内の場合は「引き続き」に該当する。

図表54　育児時短就業給付の給付率

支給対象月に支払われた賃金	給付率
時短後の賃金≦賃金日額[※1]×30×90％	10％
賃金日額×30×90％＜時短後の賃金＜賃金日額×30×100％	厚生労働省令で定める率[※2]
賃金日額×30×100％＜時短後の賃金	支給されない

※1　休業開始日直前の 6 カ月間に支払われた賃金（賞与や臨時に支払われた賃金等は除く）の合計を 180（日）で除した金額
※2　計算式「$(9000 \times A/B \times 100 - 90) \times 1/100$」により算出
　　・A＝育児時短就業開始時賃金月額
　　・B＝支給対象月に支払われた賃金額

2 雇用保険法の改正

発展

　本給付金に係る改正法の施行日である令和7年4月1日前から育児時短勤務中の場合でも、施行日を育児時短勤務の開始日として、本給付金を申請することができます。具体的な支給期間は子が2歳に達する日の前日（誕生日の前々日）までの間であるため、法施行日時点で対象期間にある子を養育する労働者で育児時短勤務を行っている人がいれば、上述の支給要件等を確認の上、給付金の申請を行うことができるかを確認してください。

　また、**実務ポイント** 2）で後述する「雇用保険被保険者休業開始時賃金月額証明書・所定労働時間短縮開始時賃金証明書」の初回申請時の提出要否に係る要件（育児休業の終了日から育児時短勤務の開始日までの間が14日以内かどうか）に関しても、令和7年4月1日を育児時短勤務の開始日として扱うため、令和7年3月18日以降（4月1日から起算して14日以内）の日に育児休業を終了した場合でなければ、提出が必要となります。

実務ポイント

1）管理表の作成

　本改正により育児時短就業給付金が設けられるまで、両立支援制度利用時の雇用保険給付は設けられていませんでした。よって、まずは雇用保険給付の実務を行う担当者や、育児関係の両立支援制度を管理する担当者などが当該給付に係る対象者をリスト化する必要があります。本給付金は子の年齢と短時間勤務の開始時期により、対象期間が決定しますので、これらの情報をベースに管理表を作成しましょう。

　また、実際に申請を行う際は基本的な被保険者としての個人情報に加えて、以下の情報も併せて必要になるため、管理表の作成に当たってはご留意ください。

123

- 時短前の週所定労働時間
- 育児休業に引き続く時短勤務かどうか
- 当該申請月（時短後）の週所定労働時間
- 当該申請月に支払われた賃金額

2）申請の実務および提出書類

育児時短就業給付は、子が2歳に達する日の前日（2歳の誕生日の前々日）の属する月までの間で、時短勤務をしている期間、[図表55] で示すとおり継続して申請を行う必要があります。また、申請は本人が特に希望した場合を除き、原則として2カ月分をまとめて申請することとなります。

①初回申請

本給付金を初めて受給する際の申請書類は「雇用保険被保険者休業開始時賃金月額証明書・所定労働時間短縮開始時賃金証明書」

図表55　育児時短就業給付の申請イメージ

2カ月に1度の申請処理を行う

■時短勤務が育児休業と連続する場合

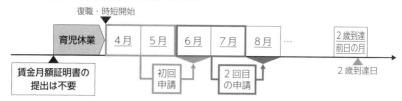

■時短勤務が育児休業の終了から14日を超えて開始する場合

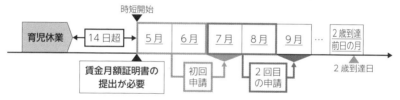

（以下、賃金月額証明書）および「育児時短就業給付受給資格確認票・（初回）育児時短就業給付金支給申請書」です。ただし、賃金月額証明書に関しては、（出生時）育児休業給付金の受給対象となる育児休業終了後に引き続き（または14日以内に）育児時短勤務を開始した場合は不要です。これらの申請書類に以下に記載する必要書類を添付した上で、支給対象月の初日から起算して4カ月以内に申請してください。

●添付書類

❶賃金台帳、出勤簿、タイムカード、労働条件通知書、育児短時間勤務申出書、育児短時間勤務取扱通知書、就業規則など

※育児時短就業を開始した日、賃金の額と支払い状況、週所定労働時間を確認できるもの

❷母子健康手帳（出生届出済証明のページと分娩予定日が記載されたページ）、住民票、医師の診断書（分娩〔出産〕予定日証明書）など

※育児の事実、出産予定日および出生日を確認できるもの（写し可）

※ただし、育児休業給付の対象となる日から引き続き同一の子について育児時短就業を開始した場合は提出不要

---

②2回目以降の申請

　初回申請を行うと、当該申請に対する支給決定通知書で次回支給申請期間が指定されますので、この期間中に2回目の申請を行うこととなります。2回目以降の申請には「育児時短就業給付金支給申請書」を使用し、添付書類は賃金台帳、出勤簿、タイムカード、労働条件通知書、育児短時間勤務申出書、育児短時間勤務取扱通知書など、支給対象月の賃金の額と支払い状況、育児時短就業中の週所定労働時間を確認できるものが必要です。ただし、従前の支給対象月から、週所定労働時間の変更がない場合は、労働時間を確認できる資料の添付は不要です。

3）対象月に係る支給要件

2歳に達するまでの間で育児時短勤務を行っている場合であっても、以下の事由に該当する場合は、育児時短就業給付金が支給されません。

- 初日から末日までの間に雇用保険の資格を喪失した場合（資格を喪失していなければ、月の途中で時短勤務を終了した場合でも、当該月は支給対象となります）
- 支給対象月の初日から末日までのすべての期間で育児休業給付または介護休業給付を受給した場合
- 支給対象月に支払われた賃金額が支給限度額以上である場合
- 高年齢雇用継続給付の支給対象となった場合

退職等により資格喪失しているにもかかわらず申請をしたり、他の雇用保険における各種給付金との重複申請となってしまったりした場合は、返金等の措置が必要になるため注意が必要です。

Q1：時短勤務ではなく、一時就業の場合への適用
時短勤務ではなく、育児休業中に一時的に就業した場合の賃金支給に対しても、育児時短就業給付金の適用はありますか。

A1：育児時短就業給付金は、労働者が育児のための時短勤務を希望する期間を明らかにして行った申し出に基づいて、事業主が講じた時短勤務の措置による就業をした場合に支給されるものですので、時短勤務の申し出に基づかない就業に対する育児時短就業給付金の適用はありません。

Q2：育児による時短とは無関係の理由で賃金が下がった場合
育児による時短とは無関係の理由で賃金が下がった場合も

給付対象となりますか。

A2：育児時短就業給付金は、育児による時短勤務を行った場合に対象となるものですので、時短勤務の申し出を行っていないにもかかわらず、その他の理由で賃金が下がっただけという場合には給付対象とはなりません。

Q3：**フルタイムの社員とのバランス**

　育児時短就業給付金を受けると、時短勤務従業員が通常の所定労働時間で働く従業員と同水準の収入を得られる想定となり、後者のモチベーション低下が憂慮されますが、この点を解消ないしは緩和するためにどのような策を講じればよいでしょうか。

A3：育児時短就業給付金に関しては、「共働き・共育て」の推進のために講じられた制度であり、時短勤務従業員の生活および雇用の安定を図ることを目的としているなど、その趣旨を丁寧に周知しながら取り組みを進めることが望まれます。

3 次世代法の改正
（令和7年4月1日施行）

(1) 一般事業主行動計画の仕組みの見直し（次世代法12条3項）

改正のポイント

次世代法の有効期限を延長するとともに、一般事業主行動計画（以下、行動計画）の仕組みを見直し、数値目標（育児休業の取得状況、労働時間の状況）の設定を義務づけることとされました。

改正前 規定なし

改正後 行動計画の仕組みを見直し、育児休業の取得状況・労働時間の状況について数値目標の設定を義務づけ

 解説

1) 次世代法の有効期限延長

次世代法は、次代の社会を担う子どもの健全な育成を支援するため、10年間の時限立法として平成17年4月1日に施行されました。その後、平成27年3月31日とされていた有効期限が10年間延長されていました。この有効期限が再度延長され、令和17年3月31日までとなりました。

2) 一般事業主行動計画の策定・変更の仕組みの見直し

一般事業主行動計画とは、次世代法に基づき、企業が従業員の仕事と子育ての両立を図るための雇用環境の整備や、子育てをしていない従業員も含めた多様な労働条件の整備などに取り組むに当たっ

て、計画期間、目標、対策等を定めるものです。常時雇用する労働者数 101 人以上の企業には、策定・届け出、公表・周知が義務づけられています（100 人以下の企業は努力義務）。この企業の取り組みを促進するため、行動計画の策定・変更の仕組みに PDCA サイクル（計画〔Plan〕、実行〔Do〕、評価〔Check〕、改善〔Action〕のサイクル）および数値目標設定を取り入れるべく、次のとおり見直しが行われました。

①直近の事業年度における職業生活と家庭生活との両立に関する状況に関し、以下を把握すること
　ａ．男性労働者の育児休業等取得率または男性労働者の育児休業等および育児目的休暇の取得率の状況
　　育児休業等とは、育介法に規定する以下の休業を指します。
　　• 育児休業（出生時育児休業を含む）
　　• 3 歳未満の子を養育する労働者を対象とした育児休業に準ずる措置（育介法 23 条 2 項）
　　• 小学校就学までの子を養育する労働者を対象とした育児休業に準ずる措置（同法 24 条 1 項）
　　また、育児目的休暇とは、小学校就学までの子の育児を目的とした休暇制度を指し、育児休業および子の看護等休暇（**「1　育児・介護休業法の改正」1.[1]**(2)参照）は除きます。なお、令和 7 年 10 月 1 日以降、柔軟な働き方を実現するための措置として養育両立支援休暇（同 **2.**(1)参照）を選択した場合は、この休暇も除く必要があります。
　ｂ．雇用する労働者（パート・有期労働法に規定する短時間労働者を除く。以下、フルタイム労働者）1 人当たりの各月ごとの時間外および休日労働の合計時間数等の労働時間（労働基準法上の高度プロフェッショナル制度の適用対象者である場合は、健康管理時間）の状況
②上記①で把握した事項について、適切な方法により分析しなけ

第2章　改正法の主な内容

> ればならないこと
> ③行動計画の目標を定める際は、上記①②の結果を勘案し、① a ・
> 　b を数値により定量的に定めること

　具体的な策定は、行動計画指針（以下、指針）に示される手順に
従い行います。なお指針には、行動計画に盛り込むことが望ましい
事項として、以下のような内容が示されています。

- 配偶者が流産・死産（人工妊娠中絶を含む）をした労働者に対す
  る、配偶者支援のための休暇を取得しやすい環境整備
- 小学校第4学年以降の子どもや孫を持つ労働者の子育てのための
  休暇制度の創設
- 出生時育児休業の制度周知等、男性の育児休業取得を促進するた
  めの措置
- 育児休業期間中や短時間勤務制度利用中の業務の代替要員確保、
  業務内容・業務体制の見直し等に関する企業方針の周知

発展 ･･･

　前記 **解説** 2) ①の把握に関しては、既に策定済みの行動計画
についても、直近の計画期間を対象に、①の事項やその他の職業生
活と家庭生活の両立状況に関連する事項、数値等を把握しておくこ
とが望ましいとされています。これ自体は義務ではありませんが、
育児休業等のカウントや取得率算出方法の確認等のために取り組ん
でおくことも考えられます。

実務 ポイント ･･

　数値目標は、実数や割合、倍数等、数値を用いるものであればい
ずれでもよいとされており、例えば育児休業等に関しても、取得率
に限らず柔軟な設定が可能です。計画期間内に達成を目指すものと
して、各企業の実情に合った水準、設定方法とすることが重要です。
　また、見直し後の仕組み（PDCA サイクル、数値目標）は、女

130

性活躍推進法（女性の職業生活における活躍の推進に関する法律）の事業主計画で既に取り入れられています。計画期間が同一であれば、女性活躍推進法、次世代法それぞれの計画を共通様式で届け出ることが可能ですので、計画期間を合わせ、一体的に取り組み内容等を整備することも考えられます。

　なお、策定時のみでなく、計画変更時にも、状況把握や数値目標の設定が必要となります。

⑵「くるみん」の認定基準の見直し（省令事項）
（次世代則4条、5条の3）

改正のポイント

　「トライくるみん」「くるみん」「プラチナくるみん」の認定基準の一部が見直されます。

改正前

①男性労働者の育児休業等取得率、育児休業等・育児目的休暇取得率の基準

認定区分	育児休業等取得率	育児休業等・育児目的休暇取得率
トライくるみん	7%以上	15%以上
くるみん	10%以上	20%以上
プラチナくるみん	30%以上	50%以上

②女性労働者の育児休業等取得率が75%以上であること

③フルタイム労働者等の時間外・休日労働時間の平均が各月45時間未満であること

④次のいずれかについて成果に関する具体的な目標を定めて実施していること（プラチナくるみんは、すべての措置を実施

しaまたはbのいずれかに定量的な目標を定め、その目標を達成したこと）
　a．所定外労働の削減のための措置
　b．年次有給休暇の取得促進のための措置
　c．短時間正社員制度、在宅勤務等その他働き方の見直しに関する多様な労働条件整備のための措置
⑤プラチナくるみんの場合、育児休業等をし、または育児を行う女性労働者が就業を継続し、活躍できるような能力の向上・キャリア形成支援の取り組みに係る計画を策定、実施していること
⑥3歳から小学校就学までの子について、育児休業に関する制度、所定外労働の制限に関する制度、所定労働時間の短縮措置または始業時刻変更等の措置に準ずる制度を講じていること

改正後

①男性労働者の育児休業等取得率、育児休業等・育児目的休暇取得率の基準の引き上げ

認定区分	育児休業等取得率	育児休業等・育児目的休暇取得率
トライくるみん	10%以上	20%以上
くるみん	30%以上	50%以上
プラチナくるみん	50%以上	70%以上

②女性労働者および育児休業等の対象となる女性有期雇用労働者の育児休業等取得率が75%以上であること
③くるみん、プラチナくるみん認定においては、「改正前」の③に代えて、次のいずれかを満たすこと

ａ．フルタイム労働者等の時間外・休日労働時間の平均が各
　　　月30時間未満であること
　　ｂ．フルタイム労働者等のうち、25～39歳の者の１人当
　　　たりの時間外・休日労働時間の平均が各月45時間未満で
　　　あること
④「改正前」の④ａを削除し、下記ａを新設（プラチナくるみ
　んは、すべての措置を実施し、ａまたはｂのいずれかに定
　量的な目標を定め、その目標を達成したこと）
　　ａ．男性労働者の育児休業等の取得期間の延伸のための措置
　　ｂ．年次有給休暇の取得促進のための措置
　　ｃ．短時間正社員制度、在宅勤務等その他働き方の見直しに
　　　関する多様な労働条件整備のための措置
⑤プラチナくるみんの場合、育児休業等をし、または育児を行
　う男女労働者が、職業生活と家庭生活との両立を図りなが
　ら、その意欲を高め、かつその能力を発揮することで活躍で
　きるような能力の向上・キャリア形成支援の取り組みに係る
　計画を策定、実施していること
⑥削除（育介法改正により措置が講じられるため）

解説

1）「くるみん」認定制度

　「くるみん」認定制度は、企業の自発的な次世代育成支援に関す
る取り組みを促すため、次世代法に基づく行動計画の目標達成など
一定基準を満たした上で申請した企業に対し、厚生労働大臣の認定
（くるみん認定）を行う制度です。平成27年４月には、より高い基
準を満たした場合の特例認定制度（プラチナくるみん認定）が追加
され、さらに令和４年４月には、くるみん・プラチナくるみん認定
基準の引き上げに伴い、改正前のくるみん認定基準を引き継ぐ新た

な認定制度（トライくるみん認定）が創設されました。認定企業は、認定マークを商品・求人広告などに付けることを認められ、その結果、企業イメージ向上、労働者のモラールアップや生産性向上、人材の採用・定着などの効果が期待できるほか、公共調達の加点評価等を受けることができます。

2)「くるみん」認定基準の見直し

認定基準の一部が、「改正のポイント」のとおり見直されます。補足事項は次のとおりとなります。

- ①の育児休業等・育児目的休暇の状況把握については、前記(1) **解説** の行動計画におけるものと同内容
- 中小企業（常時雇用労働者数300人以下）の特例においても、育児休業等取得率の基準が引き上げられ、改正後の①が適用されます
- ④の成果に関する具体的な目標については、必ずしも行動計画の目標に含める必要がない点は、見直し後も同様

発展

前回改正（令和4年4月1日施行）の例にならい、次の経過措置が適用されます。

① 施行日（令和7年4月1日）前のトライくるみん認定、くるみん認定、プラチナくるみん認定（以下、くるみん認定等）の申請については、改正前の基準が適用されます

② 施行日から令和9年3月31日までの2年間のくるみん認定等の申請は、改正前の基準を適用することができます。この場合に付与されるくるみん認定マーク、トライくるみん認定マークは旧基準によるマークとなります（プラチナくるみん認定マークは同一です）

③ くるみん認定申請に係る計画期間が、施行日前後でまたがっている場合、改正後の新基準の適用に当たっては、令和7年3月31日以前の実績は計算期間に含めず、施行日以降の期間のみの実績

で算出することも可能とされます。この場合に付与されるくるみん認定マーク、トライくるみん認定マークは新基準によるマークとなります（プラチナくるみん認定マークは同一です）

④プラチナくるみん認定は、認定取得後、「両立支援のひろば」にて公表した「次世代育成支援対策の実施状況」が同じ項目で２年連続で基準を満たさなかった場合に取り消しの対象となりますが、今回の認定基準の改正に伴い、公表前事業年度が令和７年４月１日から令和８年３月31日までの期間を含む場合は、新基準を満たしていなくても旧基準を満たしていれば取消の対象とはなりません

実務 ポイント

くるみん認定基準の一つとして、指針に示された所定項目（雇用環境整備に関する項目）から１項目以上を行動計画の目標とし、それを達成することが必要ですが、このために策定していた目標が、今回の育介法等の改正により法制化（法令によって義務化）されてしまうことがあり得ます。

この場合、前回改正では「行動計画の末日が、施行日以降の場合で、法定化された内容を目標としている場合は、当該目標は審査対象にならず、他の目標が審査対象となる」こととされました。今回も同様の取り扱いとなると（執筆時点では未定）、対象項目を一つしか目標に設定していない場合などでは、目標を達成しても、くるみん認定基準を満たせないケースが生じ得ます。このような場合、目標を追加・変更し再度届け出るなどの対応が必要となる可能性があります。今後の動向に注意いただき、ご不明な点等は、あらかじめ各都道府県雇用環境・均等室に相談されることをおすすめします。

Q1:「男性の育児休業等取得率」の算出方法

数値目標として設定すべき「男性の育児休業等取得率」の算出方法は、育介法（22条の2）のそれと同じものですか。

A1：対象とする育児休業等の範囲は同じですが、数値目標は取得率（割合）以外の算出も可能です。

育介法22条の2では、男性労働者の育児休業等取得率、つまり配偶者が出産したものの数に対する、男性労働者で育児休業等をしたものの数の割合（育介則71条の6）を公表することとされています。一方、行動計画においては、上記取得率を把握した上で（状況の把握）、課題を分析し、数値目標を設定しますが、この目標は、実数、割合、倍数等、数値を用いるものであればいずれでもよいとされています。つまり取得率（割合）に限らず、「取得人数を●名とする」「取得人数を前年の●倍とする」といった定め方も可能と考えられます。各企業の実情に合わせて、検討するとよいでしょう。

Q2：認定・特例認定に関する経過措置

今回の認定基準の改正に伴い、経過措置は設けられていますか。

A2：前回（令和3年11月省令改正、令和4年4月1日施行）と同様の措置が行われます。

くるみん認定に係る行動計画は、計画期間を2年以上5年未満とする必要がある関係上、既に計画期間を開始しており、基準見直し前（令和7年3月31日）までには期間が終了しないケースが考えられることから、一定の経過措置が行われます。詳細は、前記の 発展 を参照してください。

第3章

社内規程・様式・労使協定例

第3章　社内規程・様式・労使協定例

1 社内規程・労使協定の追加・改定箇所チェックリスト

［1］育児・介護休業規程

No.	追加・改定箇所	チェック欄	内　　容	モデル規程条文番号
1	子の看護等休暇	□ □ □ □	①名称変更 ②入社6カ月未満の従業員の適用除外削除 ③小学校第3学年修了前にある子に期間拡大 ④取得事由の追加 　・感染症に伴う学級閉鎖等になった子の世話のため 　・子の入園・卒園式または入学式等の式典参加のため	第1条、 第14条
2	介護休暇	□	入社6カ月未満の従業員の適用除外削除	第15条
3	所定外労働の制限の対象者	□	小学校就学前の子を養育する従業員に適用拡大 ①対象者の拡大 ②適用期間の終了時期の改定	第16条
4	所定労働時間の短縮の措置等（短時間勤務）	□ □	①業務の性質または業務の実施体制に照らし、短時間勤務を講ずることが困難な業務がある場合の代替措置（在宅勤務の措置の追加検討） ②6時間以外の短時間勤務の措置（努力義務規定）	第20条
5	3歳未満の子を養育するための在宅勤務の措置	□	3歳未満の子を養育するための在宅勤務の措置（努力義務規定）	第20条の2

6	介護のための在宅勤務の措置	☐	要介護状態にある家族を介護するための在宅勤務の措置（努力義務規定）	第21条の2
7	柔軟な働き方を実現するための措置	☐	以下の措置のうち2以上の措置を設ける ①始業時刻等の変更（フレックスタイム制または始業・終業時刻の繰り上げ・繰り下げ） ②在宅勤務 ③短時間勤務 ④従業員が就業しつつ子を養育することを容易にするための休暇（養育両立支援休暇） ⑤保育施設の設置運営その他これに準ずる便宜の供与	第22条

[2] 育児・介護休業等に関する労使協定

No.	追加・改定箇所	チェック欄	内　　容	モデル協定 条文番号
1	子の看護等休暇	☐	入社6カ月未満の従業員の適用除外を削除	第3条
2	介護休暇	☐	入社6カ月未満の従業員の適用除外を削除	第4条
3	柔軟な働き方を実現するための措置	☐	労使協定により適用除外者を決める場合を追加 ①入社1年未満の従業員 ②1週間の所定労働日数が2日以下の従業員 ③業務の性質または業務の実施体制に照らし、短時間勤務を講ずることが困難な業務がある場合の、その業務に従事する従業員（養育両立支援休暇を選択した場合で、時間単位で取得しようとする者に限る） （令和7年10月1日施行）	第9条

第3章 社内規程・様式・労使協定例

2 育児・介護休業規程
（令和7年4月1日施行対応版）

※1 下線もしくは取り消し線を付した部分が、今回の法改正による変更箇所となります。

※2 本規程は、あくまで一つの例です。実際の規程は、事業所の実態にあったものとし、必ずしもこのとおりである必要はありません。

※3 在宅勤務については、原則在宅勤務規程への委任を規定するものとし、在宅勤務規程の定めと異なる部分のみ定めています。

第1章 目的

（目的）

第1条 本規程は、従業員の育児・介護休業、出生時育児休業、子の看護等休暇、介護休暇、育児や介護のための所定外労働、時間外労働及び深夜業の制限並びに育児・介護短時間勤務等に関する取扱いについて定めるものである。

> 【改定事項】令和7年4月1日改正
> 子の看護休暇の名称が「子の看護『等』休暇」に変更される。

第2章 育児休業制度

（育児休業の対象者）

第2条 育児のために休業することを希望する従業員（日雇従業員を除く。以下同じ。）であって、1歳（第5条第2項［パパ・ママ育休プラス］に該当する場合にあっては、1歳2か月）に満たない子と同居し、養育する者は、この章に定めるところにより育児休業（第3章に定める「出生時育児休業」を除く。）をすることができる。ただし、期間契約従業員にあっては、子が1歳6か月（第5条第4項［2歳までの育児休業］に基づく休業の申出

にあっては２歳）に達する日までの間に、その労働契約期間（労働契約が更新される場合にあっては、更新後のもの）が満了することが明らかでない者に限り、育児休業をすることができる。

2 前項の規定にかかわらず、労使協定により除外された次の従業員からの休業の申出は拒むことができる。

(1) 入社１年未満の従業員

(2) 申出の日から起算して１年以内（第５条第３項及び第４項に基づく休業の場合は、６か月以内）に雇用関係が終了することが明らかな従業員

(3) １週間の所定労働日数が２日以下の従業員

3 育児休業の対象となる子には実子、養子の他、以下の者も含まれる。

(1) 特別養子縁組の監護期間中の子

(2) 養子縁組里親に委託されている子

(3) 養育里親に委託されている子

（育児休業の申出の手続等）

第３条 育児休業をすることを希望する従業員は、原則として育児休業を開始しようとする日（以下「育児休業開始予定日」という。）の１か月前（第５条第３項［１歳６か月までの育児休業］に基づく１歳の誕生日から休業を開始する申出を子が１歳に達する日以前の日に行う場合及び同条第４項［２歳までの育児休業］に基づく１歳６か月の誕生日応当日から休業を開始する申出を子が１歳６か月に達する日以前の日に行う場合は、２週間前）までに育児休業申出書を会社に提出することにより申し出るものとする。なお、育児休業中の期間契約従業員が労働契約を更新するに当たり、引き続き休業を希望する場合には、更新された労働契約期間の初日を育児休業開始予定日として、育児休業申出書により再度の申出を行うものとする。

2 前項の規定にかかわらず、次の場合には、従業員は、休業開始

予定日の１週間前までに育児休業申出書を会社に提出することにより、育児休業の申出をすることができる。

(1) 出産予定日前に子が出生したとき

(2) 配偶者が死亡したとき

(3) 配偶者が負傷、疾病等により子を養育することが困難になったとき

(4) 配偶者が子と同居しないこととなったとき

(5) 子が負傷、疾病等により２週間以上の期間にわたり世話が必要となったとき

(6) 保育所等に入所を希望しているが、入所できないとき

3　育児休業の申出は、同じ子について２回限りとする。ただし、次の場合にあっては、この限りでない。

(1) 第５条第１項［原則の育児休業］に基づく休業をした者が、同条第３項［１歳６か月までの育児休業］又は第４項［２歳までの育児休業］に基づく休業の申出をしようとするとき又は同条第３項に基づく休業をした者が同条第４項に基づく休業の申出をしようとするとき

(2) 本条第１項後段［更新による再度の申出］の申出をしようとするとき

(3) 産前産後休業又は新たな育児休業、出生時育児休業の開始により育児休業期間が終了した場合で、産前産後休業又は育児休業、出生時育児休業の対象となった子が、死亡し、又は従業員と同居しないこととなったとき

(4) 介護休業の開始により育児休業期間が終了した場合で、介護休業の対象となった対象家族が死亡し、又は当該対象家族について従業員との親族関係が消滅したとき

(5) 配偶者が、死亡し、若しくは負傷、疾病等により子を養育することが困難な状態になり、又は子と同居しないこととなったとき

⑹　子が負傷、疾病等により２週間以上の期間にわたり世話が必要となったとき

⑺　保育所等に入所を希望しているが、入所できないとき

4　会社は、育児休業申出書を受け取るに当たり、必要最小限度の各種証明書の提出を求めることがある。

5　育児休業申出書が提出されたときは、会社は速やかに当該育児休業申出書を提出した者（以下この章において「申出者」という。）に対し、育児休業取扱通知書を交付する。

6　申出の日後に申出に係る子が出生したときは、申出者は、出生後２週間以内に会社に育児休業対象児出生届を提出しなければならない。

（育児休業の申出の撤回等）

第４条　申出者は、育児休業開始予定日の前日までは、育児休業申出撤回届を会社に提出することにより、育児休業の申出を撤回することができる。ただし、申出を撤回した場合については、撤回された当該申出に係る育児休業を取得したものとみなす。

2　育児休業の申出を撤回した者が、既に２回目の育児休業（前項の規定に基づき取得したものとみなされた休業を含む。）を取得しているときは、次の場合を除き、同一の子については再度申出をすることができない。ただし、第２条第１項［原則の育児休業］に基づく休業の申出を撤回した者であっても、第５条第３項［１歳６か月までの育児休業］及び第４項［２歳までの育児休業］に基づく休業の申出をすることができ、同条第３項［１歳６か月までの育児休業］に基づく休業の申出を撤回した者であっても同条第４項［２歳までの育児休業］に基づく休業の申出をすることができる。

⑴　配偶者が、死亡し、若しくは負傷、疾病等により子を養育することが困難な状態になり、又は子と同居しないこととなったとき

第3章　社内規程・様式・労使協定例

　⑵　子が負傷、疾病等により2週間以上の期間にわたり世話が必要となったとき

　⑶　保育所等に入所を希望しているが、入所できないとき

3　育児休業申出撤回届が提出されたときは、会社は速やかに当該育児休業申出撤回届を提出した者に対し、育児休業取扱通知書を交付する。

4　育児休業開始予定日の前日までに、子の死亡等により申出者が休業申出に係る子を養育しないこととなったとき、又は第5条第2項の規定により1歳を超えて育児休業をする場合において配偶者が育児休業をしていないときは、育児休業の申出はされなかったものとみなす。この場合において、申出者は、原則として当該事由が発生した日に、会社にその旨を通知しなければならない。

（育児休業の期間等）

第5条　育児休業の期間は、原則として、子が1歳に達するまでを限度として育児休業申出書に記載された期間とする。

2　前項の規定にかかわらず、その配偶者が子が1歳に達するまでの育児休業をしている従業員が、子の1歳の誕生日以前に育児休業を開始した場合（当該従業員が、当該配偶者より先に育児休業を開始した場合を除く。）の育児休業の期間の限度は、子が1歳2か月に達するまでとする。ただし、当該従業員又は配偶者のいずれも1年間（母親の産後休業期間を含む。）を超えて育児休業をすることはできない（以下「パパ・ママ育休プラス」という。）。

3　従業員は、その養育する1歳から1歳6か月に達するまでの子について、次の各号のいずれにも該当する場合に限り、申出により、育児休業をすることができる。なお、育児休業開始予定日は、子の1歳の誕生日又は申出をする従業員の配偶者が育児休業をする場合には、当該育児休業に係る育児休業終了予定日の翌日以前の日とする。

　⑴　子が1歳に達する日又は前項［パパ・ママ育休プラス］に該

144

当する場合にあっては、子が1歳に達する日後の育児休業を終了しようとする日（以下「育児休業終了予定日」という。）において、本人又はその配偶者が育児休業をしている場合

(2) 子の1歳到達日後の期間について休業することが雇用の継続のために特に必要と認められる場合として以下のいずれかに該当する場合

① 保育所等に入所を希望しているが、入所できない場合

② 従業員の配偶者であって、子の1歳の誕生日以後に子の養育に当たる予定であった者が、次のいずれかに該当した場合

i 死亡したとき

ii 負傷、疾病等により子を養育することが困難な状態になったとき

iii 子と同居しないこととなったとき

iv 6週間（多胎妊娠の場合にあっては、14週間）以内に出産する予定であるか又は産後8週間を経過しないとき

③ 産前産後休業又は新たな育児休業、出生時育児休業の開始により育児休業期間が終了した場合で、産前産後休業又は育児休業、出生時育児休業の対象となった子が、死亡し、又は従業員と同居しないこととなったとき

④ 介護休業の開始により育児休業期間が終了した場合で、介護休業の対象となった対象家族が死亡し、又は当該対象家族について従業員との親族関係が消滅したとき

(3) 子の1歳到達日後の期間において、この項の規定による申出により育児休業をしたことがない場合

4 従業員は、その養育する1歳6か月から2歳に達するまでの子について、次の各号のいずれにも該当する場合に限り、申出により、育児休業をすることができる。なお、育児休業開始予定日は、子が1歳6か月の誕生日応当日又は申出をする労働者の配偶者が育児休業をする場合には、当該育児休業に係る育児休業終了予定

145

日の翌日以前の日とする。

⑴　子が1歳6か月に達する日において、本人又はその配偶者が育児休業をしている場合

⑵　子の1歳6か月到達日後の期間について休業することが雇用の継続のために特に必要と認められる場合として以下のいずれかに該当する場合

①　保育所等に入所を希望しているが、入所できない場合

②　従業員の配偶者であって、子の1歳6か月の誕生日応当日以後に子の養育に当たる予定であった者が、次のいずれかに該当した場合

ⅰ　死亡したとき

ⅱ　負傷、疾病等により子を養育することが困難な状態になったとき

ⅲ　子と同居しないこととなったとき

ⅳ　6週間（多胎妊娠の場合にあっては、14週間）以内に出産する予定であるか又は産後8週間を経過しないとき

③　産前産後休業又は新たな育児休業、出生時育児休業の開始により育児休業期間が終了した場合で、産前産後休業又は育児休業、出生時育児休業の対象となった子が、死亡し、又は従業員と同居しないこととなったとき

④　介護休業の開始により育児休業期間が終了した場合で、介護休業の対象となった対象家族が死亡し、又は当該対象家族について従業員との親族関係が消滅したとき

⑶　子の1歳6か月到達日後の期間において、この項の規定による申出により育児休業をしたことがない場合

5　第1項の規定にかかわらず、会社は、育児・介護休業法の定めるところにより育児休業開始予定日の指定を行うことができる。

6　第3条第2項各号に規定する事由が生じた場合、従業員は、育児休業期間変更申出書により会社に、育児休業開始予定日の1週

間前までに申し出ることにより、1回に限り育児休業開始予定日
の繰上げ変更をすることができる。

7　従業員は、育児休業期間変更申出書により会社に、育児休業終
了予定日の1か月前（第3項及び第4項に基づく休業をしている
場合は、2週間前）までに申し出ることにより、1回に限り育児
休業終了予定日の繰下げ変更を行うことができる。なお、第3項
及び第4項に基づく休業の場合には、第2条第1項に基づく休業
とは別に、子の1歳の誕生日から子が1歳6か月に達するまで及
び子の1歳6か月の誕生日応当日から2歳に達するまでの期間内
で、それぞれ1回、育児休業終了予定日の繰下げ変更を行うこと
ができる。

8　育児休業期間変更申出書が提出されたときは、会社は速やかに
当該育児休業期間変更申出書を提出した者に対し、育児休業取扱
通知書を交付する。

9　第3項及び第4項の定めにかかわらず、第3項(2)、又は第4項
(2)に定める雇用の継続のために特に必要と認められる場合のいず
れかに該当する場合であって、以下(1)又は(2)の特別の事情に該当
した場合には、1歳から1歳6か月に達するまで及び1歳6か月
から2歳に達するまでの子について、申出により、（3回目以降
の）育児休業をすることができる。

(1)　産前産後休業又は新たな育児休業、出生時育児休業の開始に
より育児休業期間が終了した場合で、産前産後休業又は育児休
業、出生時育児休業の対象となった子が、死亡し、又は従業員
と同居しないこととなったとき

(2)　介護休業の開始により育児休業期間が終了した場合で、介護
休業の対象となった対象家族が死亡し、又は当該対象家族につ
いて従業員との親族関係が消滅したとき

10　次の各号に掲げるいずれかの事由が生じた場合には、育児休業
は終了するものとし、当該育児休業の終了日は当該各号に掲げる

日とする。なお、(1)の事由が生じた場合には、申出者は原則として当該事由が生じた日に会社にその旨を通知しなければならない。

(1) 子の死亡等育児休業に係る子を養育しないこととなった場合
    当該事由が発生した日（なお、この場合において本人が出勤する日は、事由発生の日から2週間以内であって、会社と本人が話し合いの上決定した日とする。）

(2) 育児休業に係る子が1歳に達した場合等
    子が1歳に達した日（第5条第3項に基づく休業の場合は、子が1歳6か月に達した日又は同条第4項に基づく休業の場合は、子が2歳に達した日）

(3) 申出者について、産前産後休業、介護休業又は新たな育児休業期間、出生時育児休業期間が始まった場合
    産前産後休業、介護休業又は新たな育児休業、出生時育児休業期間の開始日の前日

(4) パパ・ママ育休プラスの場合において産後休業期間と育児休業期間及び出生時育児休業期間の合計が1年に達した場合
    当該1年に達した日

第3章　出生時育児休業制度

（出生時育児休業の申出・対象者）

第6条　子の出生日又は出産予定日のいずれか遅い日から起算して8週間を経過する日の翌日まで子と同居し、養育する従業員は、4週間以内の期間を定めて、2回まで合計28日を限度として出生時育児休業をすることができる。ただし、期間を定めて雇用される者は、子の出生の日（出産予定日前に子が出生した場合にあっては、出産予定日）から起算して8週間を経過する日の翌日から6か月を経過する日までに、その労働契約期間が満了することが明らかでない者に限り、当該申出をすることができる。

2　前項にかかわらず、労使協定に規定する以下のいずれかの要件

に該当する従業員は出生時育児休業の申出をすることはできない。

(1) 引き続き雇用された期間が1年未満の従業員

(2) 申出の日から起算して8週間以内に雇用関係が終了することが明らかな従業員

(3) 1週間の所定労働日数が2日以下の従業員

3　第1項の規定にかかわらず、従業員は、次の各号のいずれかに該当する場合には、出生時育児休業の申出をすることができない。

(1) 子の出生の日（出産予定日前に子が出生した場合は、出産予定日。以下、本項において同じ。）から起算して8週間を経過する日の翌日までの期間内に2回の出生時育児休業をした場合

(2) 子の出生の日以後に出生時育児休業をする日数が28日に達している場合

4　出生時育児休業を希望する従業員は、原則2週間前までに、出生時育児休業申出書の提出、FAX又は電子メール等の送信により、初日（以下「出生時育児休業開始予定日」という。）及び末日（以下「出生時育児休業終了予定日」という。）を明らかにして所定の事項を申し出ることとする。なお、2回に分割して取得する場合は、それぞれの開始予定日と終了予定日をまとめて申し出なければならないものとする。まとめて申し出なかった場合は、会社は後の申出に係る休業を認めないことがある。

5　会社は、出生時育児休業が申し出られたときは、速やかに当該申出者に対し、その取扱いに関する通知書を交付する。

（出生時育児休業期間の変更及び休業の撤回）

第7条　従業員は出産予定日前に子が出生したこと等特別の事由が生じた場合に、1週間前までに会社に変更の申出をすることにより、1回に限り、出生時育児休業開始予定日を当初の開始予定日から繰り上げることができる。また、従業員は、事由を問わず、2週間前までに会社に変更の申出をすることにより、1回に限り、

第3章　社内規程・様式・労使協定例

出生時育児休業終了予定日を当初の終了予定日から繰り下げることができる。

2　出生時育児休業の申出をした労働者は、出生時育児休業開始予定日の前日までは、当該申出を撤回することができる。ただし、申出を撤回した場合については、当該申出に係る出生時育児休業を1回取得したものとみなす。

3　会社は、前2項の申出がなされたときは、速やかに当該申出者に対し、その取扱いに関する通知書を交付する。

4　出生時育児休業開始予定日の前日までに、子の死亡等により出生時育児休業申出者が出生申出に係る子を養育しないこととなった場合には、出生時育児休業は申し出されなかったものとみなす。この場合において、出生時育児休業申出者は速やかに会社にその旨を通知しなければならない。

（出生時育児休業期間等）

第8条　出生時育児休業をすることができる期間（以下「出生時育児休業期間」という。）は、出生時育児休業開始予定日とされた日から出生時育児休業終了予定日とされた日までの間とする。

2　前項の規定にかかわらず、出生時育児休業は次の各号のいずれかの事由が生じた場合は、終了するものとし、当該出生時育児休業の終了日は、各号に掲げる日とする。

⑴　子の死亡等、休業に係る子を養育しないこととなったとき：当該事由が発生した日

⑵　対象となる子の出生日の翌日又は出産予定日の翌日のいずれか遅いほうから8週間を経過したとき：当該8週間を経過した日

⑶　子の出生日（出産予定日後に出生した場合は出産予定日）以後に出生時育児休業の日数が28日に達した日：当該28日に達した日

⑷　出生時育児休業申出者について産前・産後休業、育児休業、

150

2 育児・介護休業規程

　介護休業又は新たな出生時育児休業が始まった場合：当該新た
　な休業開始日の前日

（出生時育児休業中の就業）

第9条　出生時育児休業の申出をした従業員（労使協定で、出生
　時育児休業期間中に就業させることができるものとして定められ
　た従業員に限る。）は、出生時育児休業開始予定日とされた日の
　前日までの間、出生時育児休業期間において就業することができ
　る日及び就業可能日における就業可能な時間帯その他の労働条件
　を会社に申し出ることができる。ただし、従業員は以下の全ての
　基準を満たす範囲内で就業可能日及び就業可能時間帯その他の労
　働条件を申し出なければならない。

⑴　就業日数の合計は、出生時育児休業期間の所定労働日数の2
　　分の1以下とする。ただし、1日未満の端数があるときは、こ
　　れを切り捨てた日数とする。

⑵　就業日における労働時間の合計は、出生時育児休業期間にお
　　ける所定労働時間の合計の2分の1以下とする。

⑶　出生時育児休業開始予定日とされた日又は出生時育児休業終
　　了予定日とされた日を就業日とする場合は、当該日の所定労働
　　時間数に満たない労働時間とする。

2　前項の規定による申出をした従業員は、出生時育児休業開始予
　定日の前日までは、就業可能日等の変更、又は当該申出の撤回を
　会社に申し出ることができる。なお、出生時育児休業開始日以降
　は、次の各号に規定する特別な事情がある場合に限り、同意した
　就業日等の全部又は一部の撤回を会社に申し出ることができる。

⑴　出生時育児休業申出に係る子の親である配偶者の死亡

⑵　配偶者が負傷、疾病又は身体上若しくは精神上の障害その他
　　これらに準ずる心身の状況により出生時育児休業申出に係る子
　　を養育することが困難な状態になったこと

⑶　婚姻の解消その他の事情により配偶者が出生時育児休業申出

151

第3章 社内規程・様式・労使協定例

に係る子と同居しないこととなったこと

(4) 出生時育児休業申出に係る子が負傷、疾病又は身体上若しくは精神上の障害その他これらに準ずる心身の状況により、2週間以上の期間にわたり世話を必要とする状態になったこと

3 会社は、従業員から第1項の申出及び前項の変更の申出があった場合には、当該申出に係る就業可能日等の範囲内で日時を提示し、出生時育児休業開始予定日の前日までに当該従業員の同意を得た場合に限り就業させることができる。

4 会社は、前項の従業員の同意を得た旨、及び就業させることとした日時その他の労働条件を通知する。通知は、書面の提出（交付）、又は同意を得た場合に限りFAX又は電子メール等の送信のいずれかの方法によって行うものとする。

5 会社は、次の全ての基準を満たす範囲内で就業日及び就業時間帯の提示を行うものとする。

(1) 就業日数の合計は、出生時育児休業期間の所定労働日数の2分の1以下とする。ただし、1日未満の端数があるときは、これを切り捨てた日数とする。

(2) 就業日における労働時間の合計は、出生時育児休業期間における所定労働時間の合計の2分の1以下とする。

(3) 出生時育児休業開始予定日とされた日又は出生時育児休業終了予定日とされた日を就業日とする場合は、当該日の所定労働時間数に満たない労働時間とする。

> 出生時育児休業中の就業を認めない場合は、本条の規定は不要です。就業を認める場合は、上記の定めとともに、別途労使協定の締結が必要になります。

第4章 介護休業制度

（介護休業の対象者）

第10条 要介護状態にある家族を介護する従業員（日雇従業員を

除く。）は、この規則に定めるところにより介護休業をすること
ができる。ただし、期間契約従業員にあっては、介護休業を開始
しようとする日（以下「介護休業開始予定日」という。）から起
算して93日を経過する日から6か月を経過する日までに、その
労働契約期間（労働契約が更新される場合にあっては、更新後の
もの）が満了することが明らかでない者に限る。

2　前項の規定にかかわらず、労使協定により除外された次の従業
員からの休業の申出は拒むことができる。

⑴　入社1年未満の従業員

⑵　申出の日から起算して93日以内に雇用関係が終了すること
が明らかな従業員

⑶　1週間の所定労働日数が2日以下の従業員

3　本規程において「要介護状態にある家族」とは、負傷、疾病又
は身体上若しくは精神上の障害により、2週間以上の期間にわた
り常時介護を必要とする状態にある次の者をいう。

⑴　配偶者、父母、子及び配偶者の父母

⑵　祖父母、兄弟姉妹又は孫

⑶　上記以外の家族で会社が認めた者

（介護休業の申出の手続等）

第11条　介護休業をすることを希望する従業員は、原則として介
護休業開始予定日の2週間前までに、介護休業申出書を会社に提
出することにより申し出るものとする。なお、介護休業中の期間
契約従業員が労働契約を更新するに当たり、引き続き休業を希望
する場合には、更新された労働契約期間の初日を介護休業開始予
定日として、介護休業申出書により再度の申出を行うものとする。

2　介護休業の申出は、93日を限度として対象家族1人につき3
回までとする。ただし、前項後段の申出［更新による再度の申出］
をしようとする場合にあっては、この限りでない。

3　会社は、介護休業申出書を受け取るに当たり、必要最小限度の

各種証明書の提出を求めることがある。

4　介護休業申出書が提出されたときは、会社は速やかに当該介護休業申出書を提出した者（以下この章において「申出者」という。）に対し、介護休業取扱通知書を交付する。

（介護休業の申出の撤回等）

第12条　申出者は、介護休業開始予定日の前日までは、介護休業申出撤回届を会社に提出することにより、介護休業の申出を撤回することができる。

2　同一の対象家族について介護休業申出が撤回され、撤回後最初の介護休業の申出も撤回された場合、その後の介護休業の申出については、会社は、これを拒むことができる。

3　介護休業申出撤回届が提出されたときは、会社は速やかに当該介護休業申出撤回届を提出した者に対し、介護休業取扱通知書を交付する。

4　介護休業開始予定日の前日までに、申出に係る家族の死亡等により申出者が家族を介護しないこととなった場合には、介護休業の申出はされなかったものとみなす。この場合において、申出者は、原則として当該事由が発生した日に、会社にその旨を通知しなければならない。

（介護休業の期間等）

第13条　介護休業の期間は、対象家族１人につき、原則として、通算93日間の範囲内で、介護休業申出書に記載された期間とし、その回数は、同一家族について、３回までとする。

2　前項の規定にかかわらず、会社は、育児・介護休業法の定めるところにより介護休業開始予定日の指定を行うことができる。

3　従業員は、介護休業期間変更申出書により、介護休業を終了しようとする日（以下「介護休業終了予定日」という。）の２週間前までに会社に申し出ることにより、介護休業終了予定日の繰下げ変更を行うことができる。この場合において、介護休業開始予

定日から変更後の介護休業終了予定日までの期間は通算93日の範囲を超えないことを原則とする。

4　介護休業期間変更申出書が提出されたときは、会社は速やかに当該介護休業期間変更申出書を提出した者に対し、介護休業取扱通知書を交付する。

5　次の各号に掲げるいずれかの事由が生じた場合には、介護休業は終了するものとし、当該介護休業の終了日は当該各号に掲げる日とする。なお、(1)の事由が生じた場合には、申出者は原則として当該事由が生じた日に会社にその旨を通知しなければならない。

(1)　家族の死亡等介護休業に係る家族を介護しないこととなった場合

　　当該事由が発生した日（なお、この場合において本人が出勤する日は、事由発生の日から2週間以内であって、会社と本人が話し合いの上決定した日とする。）

(2)　申出者について、産前産後休業、育児休業、出生時育児休業又は新たな介護休業が始まった場合

　　産前産後休業、育児休業、出生時育児休業又は新たな介護休業の開始日の前日

第5章　子の看護等休暇及び介護休暇

（子の看護等休暇）

第14条　9歳に達する日以後の最初の3月31日までの間にある子を養育する従業員（日雇従業員を除く。）は、負傷し、若しくは疾病にかかった当該子の世話をし、又は当該子に予防接種若しくは健康診断を受けさせ、又は感染症に伴う学級閉鎖等になった子の世話若しくは当該子の入園・卒園式又は入学式等の式典参加のために、就業規則第○条に規定する年次有給休暇とは別に、4月1日から翌年3月31日までの1年度につき5日（当該子が2人以上の場合にあっては、10日）を限度として、子の看護等休

暇を取得することができる。ただし、労使協定によって除外された次の従業員はこの限りでない。

【改定事項】令和7年4月1日改正

- 子の看護休暇を取得できる期間が、「小学校就学の始期に達するまでの子を養育する労働者」から「9歳に達する日以後の最初の3月31日（小学校第3学年修了）までの間にある子を養育する労働者」に改正されます。
- 子の看護休暇の取得事由に、以下の事由が追加されます。また、取得事由の追加により、名称が「子の看護『等』休暇」に変更されます。

　①感染症に伴う学級閉鎖等になった子の世話のため、感染症への感染等に係る学校長による出席停止等のため

　②子の入園・卒園式又は入学式等の式典参加のため

　　※授業参観・運動会への参加は含まれません。

　　　　　　　　　　　　　　　　　　　　┌─「入社6か月未満の従業員」を削除

~~(1)　入社6か月未満の従業員~~

(1)　1週間の所定労働日数が2日以下の従業員

(2)　業務の性質又は業務の実施体制に照らして、時間単位の休暇を取得することが困難と認められる業務に従事する従業員（時間単位で取得しようとする者に限る。）

【改定事項】令和7年4月1日改正

- 従来、労使協定により適用除外とすることができるとされていた「入社6か月未満の者」は、改正で削除されます。
- (2)は「業務の性質等により、時間単位の休暇を取得することが困難」と認められる具体的な業務があり、その業務に従事する労働者がいる場合にのみ規定することができるとされています。(2)を規定しない場合については、本文ただし書きで以下のように規定します。

　「ただし、労使協定によって除外された1週間の所定労働日

> 数が2日以下の従業員はこの限りでない。」

2 子の看護等休暇は、1日又は時間単位で取得することができる。

3 子の看護等休暇は、時間単位で始業時刻から連続又は終業時刻まで連続して取得することができる。

4 子の看護等休暇を取得しようとする者は、原則として、子の看護等休暇申出書により事前に会社に申し出るものとする。

5 給与は休暇取得部分については無給とし、賞与、定期昇給及び退職金の算定に当たっては、取得期間は通常の勤務をしたものとみなす。

（介護休暇）

第15条 要介護状態にある対象家族を介護する従業員（日雇従業員を除く。）は、要介護状態にある対象家族を介護し、又は対象家族の通院等の付き添い、対象家族が介護サービスの提供を受けるために必要な手続の代行その他の対象家族に必要な世話をするために、就業規則第○条に規定する年次有給休暇とは別に、4月1日から翌年3月31日までの1年度につき5日（対象家族が2人以上の場合にあっては、10日）を限度として、介護休暇を取得することができる。ただし、労使協定によって除外された次の従業員はこの限りでない。

> ~~(1) 入社6か月未満の従業員~~　　`「入社6か月未満の従業員」を削除`

(1) 1週間の所定労働日数が2日以下の従業員

(2) 業務の性質又は業務の実施体制に照らして、時間単位の休暇を取得することが困難と認められる業務に従事する従業員（時間単位で取得しようとする者に限る。）

【改定事項】令和7年4月1日改正

- 従来、労使協定により適用除外とすることができるとされていた「入社6か月未満の者」は、改正で削除されます。
- (2)は「業務の性質等により、時間単位の休暇を取得することが困難」と認められる具体的な業務があり、その業務に従事する

第3章　社内規程・様式・労使協定例

> 労働者がいる場合にのみ規定することができるとされています。(2)を規定しない場合については、本文ただし書きで以下のように規定します。
> 「ただし、労使協定によって除外された1週間の所定労働日数が2日以下の従業員はこの限りでない。」

2　介護休暇は、1日又は時間単位で取得することができる。

3　介護休暇は、時間単位で始業時刻から連続又は終業時刻まで連続して取得することができる。

4　介護休暇を取得しようとする者は、原則として、介護休暇申出書により事前に会社に申し出るものとする。

5　給与は休暇取得部分については無給とし、賞与、定期昇給及び退職金の算定に当たっては、取得期間は通常の勤務をしたものとみなす。

第6章　所定外労働の制限、時間外労働及び深夜業の制限

（育児のための所定外労働の制限）

第16条　小学校就学前の子を養育する従業員（日雇従業員を除く。）が当該子を養育するために請求した場合には、就業規則第○条の規定及び時間外労働に関する協定にかかわらず、事業の正常な運営に支障がある場合を除き、所定労働時間を超えて労働をさせることはない。ただし、労使協定によって除外された次の従業員はこの限りでない。

⑴　入社1年未満の従業員

⑵　1週間の所定労働日数が2日以下の従業員

【改定事項】令和7年4月1日改正
• 従来、所定外労働時間の制限の対象期間は、「3歳に満たない子を養育する期間」とされていましたが、「小学校就学前の子を養育する期間」に改正されます。

2　所定外労働の制限を請求しようとする者は、1回につき、1か

月以上1年以内の期間（以下この条において「制限期間」という。）について、制限を開始しようとする日（以下この条において「制限開始予定日」という。）及び制限を終了しようとする日を明らかにして、原則として、制限開始予定日の1か月前までに、育児のための所定外労働制限請求書を会社に提出するものとする。なお、この場合において、当該制限期間は、第18条に定める時間外労働の制限期間と重複しないようにしなければならない。

3　会社は、所定外労働制限請求書を受け取るに当たり、必要最小限度の各種証明書の提出を求めることがある。

4　請求の日後に請求に係る子が出生したときは、所定外労働制限請求書を提出した者（以下この条において「請求者」という。）は、出生後2週間以内に会社に所定外労働制限対象児出生届を提出しなければならない。

5　制限開始予定日の前日までに、請求に係る子の死亡等により請求者が子を養育しないこととなった場合には、請求されなかったものとみなす。この場合において、請求者は、原則として当該事由が発生した日に、会社にその旨を通知しなければならない。

6　次の各号に掲げるいずれかの事由が生じた場合には、制限期間は終了するものとし、当該制限期間の終了日は当該各号に掲げる日とする。なお、(1)の事由が生じた場合には、請求者は原則として当該事由が生じた日に会社にその旨を通知しなければならない。

(1)　子の死亡等制限に係る子を養育しないこととなった場合
　　　当該事由が発生した日

(2)　制限に係る子が小学校就学の始期に達した場合
　　　小学校就学の始期に達した日

(3)　請求者について、産前産後休業、育児休業、出生時育児休業又は介護休業が始まった場合
　　　産前産後休業、育児休業、出生時育児休業又は介護休業の開始日の前日

第3章 社内規程・様式・労使協定例

（介護のための所定外労働の制限）

第17条 要介護状態にある家族を介護する従業員（日雇従業員を除く。）が対象家族を介護するために請求した場合には、事業の正常な運営に支障がある場合を除き、所定労働時間を超えて労働をさせることはない。

2 前項にかかわらず、労使協定によって除外された次の従業員からの所定外労働の制限の請求は拒むことができる。

⑴ 入社1年未満の従業員

⑵ 1週間の所定労働日数が2日以下の従業員

3 請求しようとする者は、1回につき、1か月以上1年以内の期間（以下この条において「制限期間」という。）について、制限を開始しようとする日（以下この条において「制限開始予定日」という。）及び制限を終了しようとする日を明らかにして、原則として、制限開始予定日の1か月前までに、介護のための所定外労働制限請求書を会社に提出するものとする。この場合において、制限期間は、第18条に定める時間外労働の制限期間と重複しないようにしなければならない。

4 会社は、所定外労働制限請求書を受け取るに当たり、必要最小限度の各種証明書の提出を求めることがある。

5 制限開始予定日の前日までに、請求に係る家族の死亡等により請求者が対象家族を介護しないこととなった場合には、請求はされなかったものとみなす。この場合において、請求者は、原則として当該事由が発生した日に、会社にその旨を通知しなければならない。

6 次の各号に掲げるいずれかの事由が生じた場合には、制限期間は終了するものとし、当該制限期間の終了日は当該各号に掲げる日とする。

⑴ 家族の死亡等制限に係る対象家族を介護しないこととなった場合

160

当該事由が発生した日

(2) 請求者について、産前産後休業、育児休業、出生時育児休業又は介護休業が始まった場合

産前産後休業、育児休業、出生時育児休業又は介護休業の開始日の前日

7 前項(1)の事由が生じた場合には、請求者は原則として当該事由が生じた日に、会社にその旨を通知しなければならない。

（育児又は介護のための時間外労働の制限）

第18条 小学校就学前の子を養育する従業員（日雇従業員を除く。）が当該子を養育するため又は要介護状態にある家族を介護する従業員が当該家族を介護するために請求した場合には、就業規則第〇条の規定及び時間外労働に関する協定にかかわらず、事業の正常な運営に支障がある場合を除き、1か月について24時間、1年について150時間を超えて時間外労働をさせることはない。ただし、次の従業員はこの限りでない。

(1) 入社1年未満の従業員

(2) 1週間の所定労働日数が2日以下の従業員

2 時間外労働の制限を請求しようとする者は、1回につき、1か月以上1年以内の期間（以下この条において「制限期間」という。）について、制限を開始しようとする日（以下この条において「制限開始予定日」という。）及び制限を終了しようとする日を明らかにして、原則として、制限開始予定日の1か月前までに、育児・介護のための時間外労働制限請求書を会社に提出するものとする。なお、この場合において、当該制限期間は、第16条及び前条に定める所定外労働の制限期間と重複しないようにしなければならない。

3 会社は、時間外労働制限請求書を受け取るに当たり、必要最小限度の各種証明書の提出を求めることがある。

4 請求の日後に請求に係る子が出生したときは、時間外労働制限

第3章　社内規程・様式・労使協定例

請求書を提出した者（以下この条において「請求者」という。）は、出生後2週間以内に会社に時間外労働制限対象児出生届を提出しなければならない。

5　制限開始予定日の前日までに、請求に係る子又は家族の死亡等により請求者が子を養育又は家族を介護しないこととなった場合には、請求されなかったものとみなす。この場合において、請求者は、原則として当該事由が発生した日に、会社にその旨を通知しなければならない。

6　次の各号に掲げるいずれかの事由が生じた場合には、制限期間は終了するものとし、当該制限期間の終了日は当該各号に掲げる日とする。なお、(1)の事由が生じた場合には、請求者は原則として当該事由が生じた日に会社にその旨を通知しなければならない。

(1)　子又は家族の死亡等制限に係る子を養育又は家族を介護しないこととなった場合
　　　当該事由が発生した日

(2)　制限に係る子が小学校就学の始期に達した場合
　　　小学校就学の始期に達した日

(3)　請求者について、産前産後休業、育児休業、出生時育児休業又は介護休業が始まった場合
　　　産前産後休業、育児休業、出生時育児休業又は介護休業の開始日の前日

（育児・介護のための深夜業の制限）

第19条　小学校就学前の子を養育する従業員（日雇従業員を除く。）が当該子を養育するため又は要介護状態にある家族を介護する従業員が当該家族を介護するために請求した場合には、就業規則第〇条の規定にかかわらず、事業の正常な運営に支障がある場合を除き、午後10時から午前5時までの間（以下「深夜」という。）に労働させることはない。ただし、次の従業員はこの限りでない。

⑴　入社 1 年未満の従業員

⑵　請求に係る家族の 16 歳以上の同居の家族が次のいずれにも該当する従業員

　　①　深夜において就業していない者（1 か月について深夜における就業が 3 日以下の者を含む。）であること

　　②　心身の状況が請求に係る子の保育又は家族の介護をすることができる者であること

　　③　6 週間（多胎妊娠の場合にあっては、14 週間）以内に出産予定でないか、又は産後 8 週間以内でない者であること

⑶　1 週間の所定労働日数が 2 日以下の従業員

⑷　所定労働時間の全部が深夜にある従業員

2　深夜業の制限を請求しようとする者は、1 回につき、1 か月以上 6 か月以内の期間（以下この条において「制限期間」という。）について、制限を開始しようとする日（以下この条において「制限開始予定日」という。）及び制限を終了しようとする日を明らかにして、原則として、制限開始予定日の 1 か月前までに、育児・介護のための深夜業制限請求書を会社に提出するものとする。

3　会社は、深夜業制限請求書を受け取るに当たり、必要最小限度の各種証明書の提出を求めることがある。

4　請求の日後に請求に係る子が出生したときは、深夜業制限請求書を提出した者（以下この条において「請求者」という。）は、出生後 2 週間以内に会社に深夜業制限対象児出生届を提出しなければならない。

5　制限開始予定日の前日までに、請求に係る子又は家族の死亡等により請求者が子を養育又は家族を介護しないこととなった場合には、請求されなかったものとみなす。この場合において、請求者は、原則として当該事由が発生した日に、会社にその旨を通知しなければならない。

6　次の各号に掲げるいずれかの事由が生じた場合には、制限期間

第3章　社内規程・様式・労使協定例

は終了するものとし、当該制限期間の終了日は当該各号に掲げる日とする。なお、(1)の事由が生じた場合には、請求者は原則として当該事由が生じた日に会社にその旨を通知しなければならない。

⑴　子又は家族の死亡等制限に係る子を養育又は家族を介護しないこととなった場合

　　当該事由が発生した日

⑵　制限に係る子が小学校就学の始期に達した場合

　　小学校就学の始期に達した日

⑶　請求者について、産前産後休業、育児休業、出生時育児休業又は介護休業が始まった場合

　　産前産後休業、育児休業、出生時育児休業又は介護休業の開始日の前日

7　制限期間中の給与については、別途定める給与規程に基づき、時間給換算した額を基礎とした実労働時間分の基本給と諸手当を支給する。

8　深夜業の制限を受ける従業員に対して、会社は必要に応じて昼間勤務へ転換させることがある。

第7章　所定労働時間の短縮等の措置等
（3歳未満の子を養育するための所定労働時間の短縮措置）

第20条　3歳に満たない子を養育する従業員（日雇従業員及び1日の所定労働時間が6時間以下である従業員を除く。）は、申し出ることにより、就業規則第○条の所定労働時間について、所定労働時間を午前9時から午後4時までの6時間又は午前9時から午後3時までの5時間（うち休憩時間は、午前12時から午後1時までの1時間とする。）とすることができる（1歳に満たない子を育てる女性従業員は更に別途30分ずつ2回の育児時間を請求することができる。）。ただし、労使協定によって除外された次の従業員はこの限りでない。

2 育児・介護休業規程

　所定労働時間の短縮の措置（短時間勤務）については、1日の所定労働時間を6時間とすることが義務とされていますが、令和7年4月1日適用の改正指針により、1日の所定労働時間を5時間または7時間とすることや1週間のうち短時間勤務の曜日を固定的に決めること、週休3日の措置を併せて設けることが望ましいとされているため、例として1日5時間の短時間勤務を盛り込んでいます。

(1)　入社1年未満の従業員

(2)　1週間の所定労働日数が2日以下の従業員

(3)　業務の性質又は業務の実施体制に照らして、所定労働時間の短縮措置を講ずることが困難と認められる業務に従事する従業員
　　　なお、この場合、代替措置として以下の措置を講ずるものとする。

- 育児休業に関する制度に準ずる措置
- 在宅勤務の措置
- フレックスタイム制
- 始業・終業時刻の繰上げ・繰下げ（時差出勤）
- 保育施設の設置運営その他これに準ずる便宜の供与

> 「始業時刻変更等の措置」という言い回しも可

【改定事項】令和7年4月1日改正

- 業務の性質等により短時間勤務が困難な業務に従事するため適用除外とされている労働者への代替措置に、「在宅勤務の措置」が加わります。事業主は、①育児休業に関する制度に準ずる措置、②在宅勤務の措置、③始業時刻変更等の措置（フレックスタイム制、始業・終業時刻の繰り上げ・繰り下げ、保育施設の設置運営その他これに準ずる便宜の供与）の措置の中からいずれかの措置を講じなければなりません。第1項では①～③のすべての代替措置を定めていますが、必要な措置を採用してください。なお、「育児休業に関する制度に準ずる措置」とは、1歳未満の子を養育するためにする法定の育児休業とは対象とな

165

第3章　社内規程・様式・労使協定例

る年齢が異なる休業や取得回数など、労働者に有利な制度設計にすることが考えられます。また、「その他これに準ずる便宜の供与」とは、労働者からの委任を受けてベビーシッターを手配し、その費用を負担することなどが含まれます。

- (3)は「業務の性質等により、所定労働時間の短縮措置を講ずることが困難」と認められる具体的な業務があり、その業務に従事する労働者がいる場合にのみ規定することができるとされています。

2　育児のための所定労働時間の短縮措置（以下「育児短時間勤務」という。）の申出をしようとする者は、1回につき、1年以内の期間について、短縮を開始しようとする日及び短縮を終了しようとする日を明らかにして、原則として、短縮開始予定日の1か月前までに、育児短時間勤務申出書により会社に申し出なければならない。申出書が提出されたときは、会社は速やかに申出者に対し、育児短時間勤務取扱通知書を交付する。その他適用のための手続等については、第3条から第5条までの規定（第3条第3項及び第4条第2項を除く。）を準用する。

3　本制度の適用を受ける間の給与については、別途定める給与規程に基づき、時間給換算した額を基礎とした実労働時間分の基本給と諸手当を支給する。

4　賞与は、その算定対象期間に1か月以上本制度の適用を受ける期間がある場合においては、短縮した時間数に応じて減額する。

5　定期昇給及び退職金の算定に当たっては、本制度の適用を受ける期間は通常の勤務をしているものとみなす。

（3歳未満の子を養育するための在宅勤務の措置）

第20条の2　3歳に満たない子を養育する育児休業をしていない従業員（日雇従業員及び1日の所定労働時間が6時間以下である従業員を除く。）は、申し出ることにより、週○日まで時間単位で在宅勤務をすることができる。

166

2 育児・介護休業規程

2 在宅勤務を時間単位で行う場合は、始業時刻から連続又は終業時刻まで連続して利用することができる。

3 在宅勤務の申出及び内容等について上記に定めるところの他は在宅勤務規程の定めるところによる。

【改定事項】令和7年4月1日改正

- 3歳未満の子を養育する労働者が在宅勤務を選択できるように措置を講ずることが、事業主に努力義務化されます。ここでいう在宅勤務の内容については、法令上、その内容や回数などの基準は設けられていません。

- 第1項および第2項では時間単位での在宅勤務の措置を定めていますが、時間単位での在宅勤務の措置が法令上求められているわけではありません（小学校就学までの柔軟な働き方を実現するための措置とは異なります）。時間単位での在宅勤務を認めない場合は、該当部分は削除してください。

- 第2項は「中抜け」を認めない規定としています。後掲「在宅勤務規程」の第10条のとおり、中抜けを認める場合は、この定めを削除します。

- 内容や回数を育児・介護休業規程に定めることも可能ですが、本規程例では第3項のように委任規定を設けて、在宅勤務規程に内容を定めています。

（介護のための所定労働時間の短縮措置等）

第21条 要介護状態にある家族を介護する従業員（日雇従業員を除く。）は、申し出ることにより、対象家族1人当たり申出日（利用開始日）より3年の範囲内に2回を限度として、就業規則に定める所定労働時間について、以下のように変更することができる。

所定労働時間を午前9時から午後4時まで（うち休憩時間は、午前12時から午後1時までの1時間とする。）の6時間とする。

2 前項の規定にかかわらず、労使協定により除外された次の従業員からの休業の申出は拒むことができる。

167

第3章　社内規程・様式・労使協定例

⑴　入社1年未満の従業員

⑵　1週間の所定労働日数が2日以下の従業員

3　介護短時間勤務の申出をしようとする者は、1回につき、介護短時間勤務の開始日から3年以内の期間について、短縮を開始しようとする日及び短縮を終了しようとする日を明らかにして、原則として、短縮開始予定日の2週間前までに、介護短時間勤務申出書により会社に申し出なければならない。申出書が提出されたときは、会社は速やかに申出者に対し、介護短時間勤務取扱通知書を交付する。その他適用のための手続等については、第11条から第13条までの規定を準用する。

4　本制度の適用を受ける間の給与については、別途定める給与規程に基づき、時間給換算した額を基礎とした実労働時間分の基本給と諸手当を支給する。

5　賞与は、その算定対象期間に1か月以上本制度の適用を受ける期間がある場合においては、短縮した時間数に応じて減額する。

6　定期昇給及び退職金の算定に当たっては、本制度の適用を受ける期間は通常の勤務をしているものとみなす。

　介護のための所定労働時間の短縮等の措置（少なくとも2回以上の申し出が可能となる制度）とは、以下の措置をいい、事業主はいずれか一つ以上の措置を選択して講ずるものとされています。上記では①の例を選択して規定しています。

①　所定労働時間の短縮措置（短時間勤務）

②　フレックスタイム制

③　始業・終業の時刻の繰り上げ・繰り下げ

④　労働者が利用する介護サービス費用の助成その他これに準じる制度

（介護するための在宅勤務の措置）

第21条の2　要介護状態にある家族を介護する、介護休業を取得しない従業員は、申し出ることにより、週○日まで時間単位で在

2　育児・介護休業規程

宅勤務をすることができる。

2　在宅勤務を時間単位で行う場合は、始業時刻から連続又は終業時刻まで連続して利用することができる。

3　在宅勤務の申出及び内容等について上記で定めるところの他は在宅勤務規程の定めるところによる。

【改定事項】令和7年4月1日改正

- 在宅勤務を選択できるように措置を講ずることが、事業主に努力義務化されます。
- 育児と同様に、在宅勤務の内容については、法令ではその内容や回数などの基準が設けられていません。また、時間単位での勤務を認めることまでは求められていません。
- 第2項は、「中抜け」を認めない規定としています。後掲「在宅勤務規程」の第10条のとおり、中抜けを認める場合は、この定めを削除します。

第8章は令和7年10月1日施行であるため、10月施行日前に追加することをお勧めします

第8章　柔軟な働き方を実現するための措置

（柔軟な働き方を実現するための措置）

第22条　3歳から小学校就学の始期に達するまでの子を養育する従業員（日雇従業員を除く。）は、柔軟な働き方を実現するために申し出ることにより、次のいずれか一つの措置を選択して受けることができる。

【改定事項】令和7年10月1日改正

　柔軟な働き方を実現するための措置は、育介法第23条の3に定められた措置のうち二つ以上を決定する必要がありますが、あらかじめ過半数労働組合または労働者の過半数代表者の意見を聴いて定めることが義務づけられています。なお、既に措置を設けている場合は新たな措置を設ける必要はありませんが、上記意見

169

は聴く必要があります。

　労働者は、柔軟な働き方を実現するために規定された二つ以上の措置から一つの措置を選択できます。

> 会社は(1)〜(5)のうち二つ以上を選択し提示することが必要です

(1)　フレックスタイム制又は始業・終業時刻の繰上げ・繰下げ

(2)　在宅勤務

(3)　短時間勤務

(4)　従業員が就業しつつ子を養育することを容易にするための休暇（養育両立支援休暇）

(5)　保育施設の設置運営その他これに準ずる便宜の供与

2　前項の規定にかかわらず、労使協定により除外された次の従業員からの休業の申出は拒むことができる。

(1)　入社1年未満の従業員

(2)　1週間の所定労働日数が2日以下の従業員

(3)　業務の性質又は業務の実施体制に照らして、所定労働時間の短縮措置を講ずることが困難と認められる業務に従事する従業員（養育両立支援休暇を選択した場合で、時間単位で取得しようとする者に限る。）

3　第1項第1号に定めるフレックスタイム制は、フレックスタイム規程及びフレックスタイムに係る労使協定によるものとする。

（3　第1項第1号に定める始業・終業時刻の繰上げ・繰下げの措置については、1日の所定労働時間を勤務するものとし、始業時刻を午前7時まで繰り上げ又は終業時刻を午後8時まで繰り下げることができる。）

【改定事項】令和7年10月1日改正

• 事業主は、①始業時刻変更等の措置（フレックスタイム制または始業・終業時刻の繰り上げ・繰り下げ）、②在宅勤務、③短時間勤務、④養育両立支援休暇、⑤保育施設の設置運営その他これに準ずる便宜の供与の五つの措置の中から二つ以上の措置

2 育児・介護休業規程

を講じなければなりません。上記では①〜⑤のすべての措置を定めていますが、必要な措置を二つ以上採用してください。

- 第1項の(1)フレックスタイム制と(2)始業・終業時刻の繰り上げ・繰り下げの措置は、いずれかの制度にする必要があります。
- 第2項の(3)の定めは、事業主が養育両立支援休暇を措置として設けた場合に、「業務の性質等により、時間単位の休暇を取得することが困難」と認められる具体的な業務があり、その業務に従事する労働者がいる場合にのみ規定することができるとされています。
- 第3項はフレックスタイム制を採用した場合の規定をベースに記載し、便宜上、カッコ内で、始業・終業時刻の繰り上げ・繰り下げの措置を採用した場合の定めを記載しています。

4　第1項第2号に定める在宅勤務の措置については、次のとおりとする。

(1)　対象従業員は、在宅勤務規程の定めにかかわらず、1日の所定労働時間を変更することなく、1か月につき10日を限度として時間単位で在宅での勤務を行うことができる。なお、短時間勤務を選択している従業員については、個別に定める。

(2)　在宅勤務は時間単位で利用することができ、時間単位で行う場合は、始業時刻から連続又は終業時刻まで連続して利用することができる。

(3)　在宅勤務の申出及び内容等について上記に定めるところの他は在宅勤務規程の定めるところによる。

【改定事項】令和7年10月1日改正（育介則75条の3）

- 柔軟な働き方を実現するための措置としての在宅勤務は、1週間の所定労働日数が5日以外（一般的にはフルタイム勤務以外）の労働者については、1カ月につき10日を基準にして、1週間の所定労働日数または1週間当たりの平均所定労働日数に応じた日数以上の日数にする必要があります。

171

- ・(2)は、「中抜け」を認めない規定にしています。後掲「在宅勤務規程」の第10条のとおり、中抜けを認める場合は、この定めを削除します。

5　第1項第3号に定める短時間勤務は、原則として6時間とし、始業時刻から連続又は終業時刻まで連続して利用することができる。

6　第1項第4号に定める養育両立支援休暇は、子の看護休暇・介護休暇・年次有給休暇以外の休暇とし、1日の所定労働時間を変更することなく、かつ、1年間に10労働日を限度として利用できる。なお、養育両立支援休暇は、原則として時間単位で利用することができ、就業しつつ子を養育することを容易にする目的であるものとする。

7　第1項第5号に定める保育施設の設置運営その他これに準ずる便宜の供与は、会社が契約した事業者からのベビーシッターの利用とし、その費用を補助するものとする。

【改定事項】令和7年10月1日改正
　養育両立支援休暇は育児目的休暇とは別に設定されるものですが、既に導入されていた育児目的休暇を3歳以降小学校就学までの制度として独立させた上で、1年間につき10労働日以上の利用をすることができるものとして設定することは可能です。

第9章　その他の事項

（給与等の取扱い）

第23条　育児・介護休業の期間については、基本給その他の月ごとに支払われる給与は支給しない。

2　賞与については、その算定対象期間に育児・介護休業をした期間が含まれる場合には、出勤日数により日割りで計算した額を支給する。

3　定期昇給は、育児・介護休業の期間中は行わないものとし、育

児・介護休業期間中に定期昇給日が到来した者については、復職後に昇給させるものとする。

4　退職金の算定に当たっては、その算定対象期間に育児・介護休業をした期間が含まれる場合には、出勤日数により日割りで計算した勤続年数により計算するものとする。

(介護休業期間中の社会保険料の取扱い)

第24条　介護休業により給与が支払われない月における社会保険料の被保険者負担分は、各月に会社が納付した額を翌月10日までに従業員に請求するものとし、従業員は会社が指定する日までに支払うものとする。

(復職後の勤務)

第25条　育児・介護休業後の勤務は、原則として、休業直前の部署及び職務とする。

2　前項の規定にかかわらず、本人の希望がある場合及び組織の変更等やむを得ない事情がある場合には、部署及び職務の変更を行うことがある。この場合は、育児休業終了予定日の1か月前又は介護休業終了予定日の2週間前までに正式に決定し通知する。

3　復職日は原則として育児休業終了日又は介護休業終了日の翌日とする。

4　復職時の賃金は、原則として休業開始前の水準を下回らないものとする。ただし、職場・職務の変更など特別の事情がある場合はこの限りでない。

(年次有給休暇)

第26条　年次有給休暇の権利発生のための出勤率の算定に当たっては、育児・介護休業をした日は出勤したものとみなす。

(附則)

　この規則は、令和○年○月○日から適用する。

第3章　社内規程・様式・労使協定例

3 在宅勤務規程

※　本規程は、あくまで一つの例です。実際の規程は、事業所の実態にあった
ものとし、必ずしもこのとおりである必要はありません。

第1章　総則

（在宅勤務制度の目的）

第1条　この規程は、○○株式会社（以下「会社」という。）の就
業規則第○条に基づき、従業員が在宅で勤務する場合の必要な事
項について定めたものである。

（在宅勤務の定義）

第2条　在宅勤務とは、従業員の自宅、その他自宅に準じる場所
（会社の認めた場所に限る。）において情報通信機器を利用した業
務をいう。

第2章　在宅勤務の許可・利用

（在宅勤務の対象者）

第3条　在宅勤務の対象者は、就業規則第○条に規定する従業員
であって次の(1)及び(2)の条件を全て、又は(3)の条件を満たした者
とする。

⑴　在宅勤務を希望する者

⑵　自宅の執務環境及びセキュリティ環境が適正と認められる者

⑶　育児・介護休業規程に規定する在宅勤務の措置を受ける従業
員

2　在宅勤務を希望する者は、所定の許可申請書に必要事項を記入
の上、1週間前までに所属長から許可を受けなければならない。

3　会社は、業務上その他の事由により、前項による在宅勤務の許

174

可を取り消すことがある。

4　第2項により在宅勤務の許可を受けた者が在宅勤務を行う場合は、前日までに所属長へ実施を届け出ること。

> 第1項(3)を加筆することにより、在宅勤務規程に、育児・介護休業規程に規定する在宅勤務の措置を規定します。

（在宅勤務時の服務規律）

第4条　在宅勤務に従事する者（以下「在宅勤務者」という。）は、就業規則第○条及びセキュリティガイドラインに定めるもののほか、次に定める事項を遵守しなければならない。

⑴　在宅勤務中は業務に専念すること。

⑵　在宅勤務の際に所定の手続に従って持ち出した会社の情報及び作成した成果物を第三者が閲覧、コピー等しないよう最大の注意を払うこと。

⑶　⑵に定める情報及び成果物は紛失、毀損しないように丁寧に取扱い、セキュリティガイドラインに準じた確実な方法で保管・管理しなければならないこと。

⑷　在宅勤務中は自宅以外の場所で業務を行ってはならないこと。

⑸　在宅勤務の実施に当たっては、会社情報の取扱いに関し、セキュリティガイドライン及び関連規程類を遵守すること。

第3章　在宅勤務の日数及び労働時間等

（在宅勤務の日数及び労働時間）

第5条　在宅勤務の日数は1週間につき2日を限度とし、労働時間については、原則、就業規則第○条の定めるところによる。

2　前項にかかわらず、会社の承認を受けて始業時刻、終業時刻及び休憩時間の変更をすることができる。

3　前項の規定により所定労働時間が短くなる者の給与については、育児・介護休業規程第20条、第21条に規定する所定労働時

間の短縮措置時の給与の取扱いに準じる。

4　第3条第1項(3)に定める育児・介護休業規程に規定する在宅勤務の措置については、第1項の定めにかかわらず1か月につき10日を限度とし、時間単位での在宅勤務を取得することができる。

- 第1項の「1週間につき2日を限度」はあくまで第3条(1)および(2)の原則の在宅勤務についての規定であり、令和7年10月1日施行の育児関係の「柔軟な働き方を実現するための措置」における在宅勤務については適用せず、第4項および育児・介護休業規程により10日の限度日数を定めています。
- 第4項は、育児・介護休業規程に規定する在宅勤務の措置についてのみ時間単位での在宅勤務を取得できるとする場合の規定であり、すべての在宅勤務について時間単位での取得を認める場合は、第4項の「時間単位での在宅勤務を取得することができる」は削除します（その結果、末尾は「～1か月につき10日を限度とする」となります）。

（休憩時間）

第6条　在宅勤務者の休憩時間については、就業規則第○条の定めるところによる。

（所定休日）

第7条　在宅勤務者の休日については、就業規則第○条の定めるところによる。

（時間外及び休日労働等）

第8条　在宅勤務者が時間外労働、休日労働及び深夜労働をする場合は、所定の手続を経て所属長の許可を受けなければならない。

2　時間外労働、休日労働及び深夜労働について必要な事項は、就業規則第○条の定めるところによる。

3　時間外労働、休日労働及び深夜労働については、給与規程に基

3　在宅勤務規程

づき、時間外勤務手当、休日勤務手当及び深夜勤務手当を支給する。

（欠勤）

第９条　在宅勤務者が欠勤をする場合は、事前に申し出て許可を得なくてはならない。ただし、やむを得ない事情で事前に申し出ることができなかった場合は、事後速やかに届け出なければならない。

２　前項の欠勤の賃金については給与規程第○条の定めるところによる。

（中抜け時間）

第10条　在宅勤務者は、特に許可を受けた場合に限り勤務時間中に所定休憩時間以外に労働から離れることができるものとし、その中抜け時間について、終業時にメールで所属長に報告を行うこと。

２　中抜け時間については、休憩時間として取扱い、その時間分終業時刻を繰り下げること。

中抜けを認めない場合、本条は削除します。育児・介護休業規程の定める時間単位で取得する場合の在宅勤務については中抜けを認める義務はありません。

第４章　在宅勤務時の勤務等

（業務の開始及び終了の報告）

第11条　在宅勤務者は、就業規則第○条の規定にかかわらず、勤務の開始及び終了について次のいずれかの方法により報告しなければならない。

⑴　電話

⑵　電子メール

⑶　勤怠管理ツール

（業務報告）

177

第12条　在宅勤務者は、定期的又は必要に応じて、電話又は電子メール等で所属長に対し、所要の業務報告をしなくてはならない。

（在宅勤務時の連絡体制）

第13条　在宅勤務時における連絡体制は次のとおりとする。

(1)　事故・トラブル発生時には所属長に連絡すること。なお、所属長が不在時の場合は、所属長が指名した代理の者に連絡すること。

(2)　前号の所属長又は代理の者に連絡がとれない場合は、○○課担当まで連絡すること。

(3)　社内における従業員への緊急連絡事項が生じた場合、在宅勤務者へは所属長が連絡をすること。なお、在宅勤務者は不測の事態が生じた場合に確実に連絡がとれる方法をあらかじめ所属長に連絡しておくこと。

(4)　情報通信機器に不具合が生じ、緊急を要する場合は○○課へ連絡をとり指示を受けること。なお、○○課へ連絡する暇がないときは会社と契約しているサポート会社へ連絡すること。いずれの場合においても事後速やかに所属長に報告すること。

(5)　前各号以外の緊急連絡の必要が生じた場合は、前各号に準じて判断し対応すること。

2　社内報、部署内回覧物であらかじめランク付けされた重要度に応じ至急でないものは在宅勤務者の個人メール箱に入れ、重要と思われるものは電子メール等で在宅勤務者へ連絡すること。なお、情報連絡の担当者はあらかじめ部署内で決めておくこと。

第5章　在宅勤務時の給与等

（給与）

第14条　在宅勤務者の給与については、就業規則第○条の定めるところによる。

2 前項の規定にかかわらず、在宅勤務（在宅勤務を終日行った場合に限る。）が週に〇日以上の場合の通勤手当については、毎月定額の通勤手当は支給せず、実際に通勤に要する往復運賃の実費を給与支給日に支給するものとする。

（費用の負担）

第15条 会社が貸与する情報通信機器を利用する場合の通信費は会社負担とする。

2 在宅勤務に伴って発生する水道光熱費は在宅勤務者の負担とする。

3 業務に必要な郵送費、事務用品費、消耗品費その他会社が認めた費用は会社負担とする。

4 その他の費用については在宅勤務者の負担とする。

（情報通信機器・ソフト等の貸与等）

第16条 会社は、在宅勤務者が業務に必要とするパソコン、情報通信機器、ソフト及びこれらに類する物を貸与する。なお、当該パソコンに会社の許可を受けずにソフトウエアをインストールしてはならない。

2 会社は、在宅勤務者が所有する機器を利用させることができる。この場合、セキュリティーガイドラインを満たした場合に限るものとし、費用については話し合いの上決定するものとする。

（教育訓練）

第17条 会社は、在宅勤務者に対して、在宅勤務における業務に必要な知識、技能を高め、資質の向上を図るため、必要な教育訓練を行う。

2 在宅勤務者は、会社から教育訓練を受講するよう指示された場合には、特段の理由がない限り指示された教育訓練を受けなければならない。

（災害補償）

第18条 在宅勤務者が自宅での業務中に災害に遭ったときは、就

第3章 社内規程・様式・労使協定例

業規則第○条の定めるところによる。

（安全衛生）

第19条　会社は、在宅勤務者の安全衛生の確保及び改善を図るため必要な措置を講ずる。

2　在宅勤務者は、安全衛生に関する法令等を守り、会社と協力して労働災害の防止に努めなければならない。

（ハラスメント防止）

第20条　在宅勤務時におけるハラスメント防止については、就業規則第○条の定めるところによる。

2　就業規則第○条でいう「職場」とは、労働者が業務を遂行する場所を指し、在宅勤務中の自宅等、従業員が現に業務を遂行している場所も含まれる。

本規程は、令和○年○月○日より施行する。

育児・介護休業等に関する労使協定
（令和7年4月1日施行対応版）

※ 以下のような労使協定を締結することにより、育児・介護休業、出生時育児休業、子の看護等休暇、介護休暇、所定外労働の制限、短時間勤務、柔軟な働き方を実現するための措置の対象者を限定することが可能です。
※ 下線を付した部分が、今回の法改正による変更箇所となります。

○○株式会社と□□労働組合（労働者の過半数代表者□□）は、○○株式会社における育児・介護休業等に関し、次のとおり協定する。

（育児休業の申出を拒むことができる従業員）
第1条　会社は、次の従業員から1歳（法定要件に該当する場合は1歳6か月又は2歳）に満たない子を養育するための育児休業の申出があったときは、その申出を拒むことができるものとする。
　一　入社1年未満の従業員
　二　申出の日から1年（1歳6か月又は2歳に満たない子に係る育児休業の申出にあっては6か月）以内に雇用関係が終了することが明らかな従業員
　三　1週間の所定労働日数が2日以下の従業員
（出生時育児休業の申出を拒むことができる従業員）
第1条の2　会社は、次の従業員から出生時育児休業の申出があったときは、その申出を拒むことができるものとする。
　一　入社1年未満の従業員
　二　申出の日から8週間以内に雇用関係が終了することが明らかな従業員
　三　1週間の所定労働日数が2日以下の従業員
（介護休業の申出を拒むことができる従業員）

第3章　社内規程・様式・労使協定例

第2条　会社は、次の従業員から介護休業の申出があったときは、その申出を拒むことができるものとする。

一　入社1年未満の従業員

二　申出の日から93日以内に雇用関係が終了することが明らかな従業員 ┃「入社6か月未満の従業員」を削除┃

三　1週間の所定労働日数が2日以下の従業員

（子の看護等休暇の申出を拒むことができる従業員）

第3条　会社は、次の従業員から子の看護等休暇の申出があったときは、その申出を拒むことができるものとする。

一　1週間の所定労働日数が2日以下の従業員

二　○○業務（業務の性質又は業務の実施体制に照らして、時間単位で休暇を取得することが困難と認められる業務）に従事する従業員（時間単位で取得しようとする者に限る。）

（介護休暇の申出を拒むことができる従業員）

第4条　会社は、次の従業員から介護休暇の申出があったときは、その申出を拒むことができるものとする。

一　1週間の所定労働日数が2日以下の従業員

二　○○業務（業務の性質又は業務の実施体制に照らして、時間単位で休暇を取得することが困難と認められる業務）に従事する従業員（時間単位で取得しようとする者に限る。）

（育児のための所定外労働の制限の請求を拒むことができる従業員） ┃「入社6か月未満の従業員」を削除┃

第5条　会社は、次の従業員から育児のための所定外労働の制限の申出があったときは、その申出を拒むことができるものとする。

一　入社1年未満の従業員

二　1週間の所定労働日数が2日以下の従業員

（介護のための所定外労働の制限の請求を拒むことができる従業員）

第6条　会社は、次の従業員から介護のための所定外労働の制限

182

の請求があったときは、その請求を拒むことができるものとする。

一　入社1年未満の従業員

二　1週間の所定労働日数が2日以下の従業員

（育児短時間勤務の申出を拒むことができる従業員）

第7条　会社は、次の従業員から育児短時間勤務の請求があった
ときは、その請求を拒むことができるものとする。

一　入社1年未満の従業員

二　1週間の所定労働日数が2日以下の従業員

三　○○業務（業務の性質又は業務の実施体制に照らして、短時
　　間勤務制度を講ずることが困難と認められる業務）に従事する
　　従業員

（介護短時間勤務等の申出を拒むことができる従業員）

第8条　会社は、次の従業員から介護短時間勤務等の申出があっ
たときは、その申出を拒むことができるものとする。

一　入社1年未満の従業員

二　1週間の所定労働日数が2日以下の従業員

（柔軟な働き方を実現するための措置の利用申出を拒むことがで
きる従業員）

令和7年10月1日施行

第9条　会社は、次の従業員からの柔軟な働き方を実現するため
の措置の利用申出があったときは、その申出を拒むことができる
ものとする。

一　入社1年未満の従業員

二　1週間の所定労働日数が2日以下の従業員

三　○○業務（業務の性質又は業務の実施体制に照らして、時間
　　単位で休暇を取得することが困難と認められる業務）に従事す
　　る従業員（養育両立支援休暇を選択した場合で、時間単位で取
　　得しようとする者に限る。）

（従業員への通知）

第10条　会社は、第1条から前条までのいずれかの規定により従

183

第3章 社内規程・様式・労使協定例

業員の申出又は請求を拒むときは、その旨を従業員に通知するものとする。

（出生時育児休業の申出期限）

第11条　会社（三を除く。）は、出生時育児休業の申出が円滑に行われるよう、次の雇用環境整備等に関する措置を講ずることとする。その場合、会社は、出生時育児休業の申出期限を出生時育児休業を開始する日の1か月前までとすることができるものとする。

一　全従業員に対し、年1回以上、育児休業制度（出生時育児休業含む。以下同じ。）の意義や制度の内容、申請方法等に関する研修を実施すること。

二　育児休業に関する相談窓口を人事担当部署に設置し、従業員に周知すること。

三　育児休業について、○○株式会社として、毎年度「男性労働者の取得率○％以上 取得期間平均○か月以上」「女性労働者の取得率○％以上」を達成することを目標とし、この目標及び育児休業の取得の促進に関する方針を社長から従業員に定期的に周知すること。また、男性労働者の取得率や期間の目標については、達成状況を踏まえて必要な際には上方修正を行うことについて労使間で協議を行うこと。

四　育児休業申出に係る労働者の意向について、人事担当部署から、当該労働者に書面を交付し回答を求めることで確認する措置を講じた上で、労働者から回答がない場合には、再度当該労働者の意向確認を実施し、当該労働者の意向の把握を行うこと。

（出生時育児休業中の就業）

第12条　出生時育児休業中の就業を希望する従業員は、就業可能日等を申出ることができるものとする。

（有効期間）

第13条　本協定の有効期間は、令和○年○月○日から令和○年○

月○日までとする。ただし、有効期間満了の1か月前までに、会社、組合（過半数代表者）いずれからも申出がないときには、更に1年間有効期間を延長するものとし、以降も同様とする。

令和○年○月○日

      ○○株式会社　代表取締役　　　　　○○○○　　　　印

      労働組合執行委員長

      （労働者の過半数代表者）　　　　　○○○○　　　　印

［解説］

① 　労働者の過半数で組織する労働組合がない場合は、労働者の過半数を代表する者と協定してください。本労使協定については、労働基準監督署長への届け出は不要です。

② 　介護短時間勤務等については選択的措置義務であり、短時間勤務の措置を講じない場合は、短時間勤務以外の三つの措置（フレックスタイム制、始業・終業時刻の繰り上げ・繰り下げ、介護サービス費用の助成等）から一つ以上の措置を選択することになります。育児短時間勤務のように「業務の性質又は業務の実施体制に照らして、短時間勤務制度を講ずることが困難と認められる業務に従事する従業員」を労使協定で適用除外とすることはできません。

③ 　第7条第3号に定める「業務の性質又は業務の実施体制に照らして、短時間勤務制度を講ずることが困難と認められる業務」に従事するため適用除外とされている労働者への代替措置に、従来の育児休業に関する制度に準ずる措置およびフレックスタイム制その他始業時刻変更等の措置および保育施設の設置運営その他これに準ずる便宜の供与に「在宅勤務の措置」を追加することになります。

　なお、「業務の性質等により、短時間勤務制度を講ずること

第3章 社内規程・様式・労使協定例

が困難」と認められる具体的な業務があり、その業務に従事する労働者がいる場合にのみ規定することができるとされています。

④ 第11条に定める「出生時育児休業の申出期限」については、省令で定める雇用環境整備等に関する措置を労使協定で定め、実施した場合に限り、申し出期限を原則2週間前までのところを2週間〜1カ月の範囲内で労使協定で定める期限とすることが可能とされています。第11条で掲げている措置は、その一例です。

5 社内様式

社内様式1

☞28ページ

〔育児・介護〕のための所定外労働制限請求書

　　　　　　　殿

　　　　　　　　　　　　　　　〔請求日〕　　　年　　月　　日
　　　　　　　　　　　　　　　〔請求者〕所属
　　　　　　　　　　　　　　　　　　　　氏名

　私は、育児・介護休業等に関する規則（第16条）に基づき、下記のとおり〔育児・介護〕のための所定外労働の制限を請求します。

記

		〔育児〕	〔介護〕
1　請求に係る家族の状況	(1)　氏名		
	(2)　生年月日（出産予定日を含む）		
	(3)　本人との続柄		
	(4)　養子の場合、縁組成立の年月日		
	(5)　(1)の子が、特別養子縁組の監護期間中の子・養子縁組里親に委託されている子・養育里親として委託された子の場合、その手続きが完了した年月日		
	(6)　介護を必要とする理由		
2　制限の期間	年　　月　　日から　　　年　　月　　日まで		
3　請求に係る状況	制限開始予定日の1か月前に請求をしている・いない → 請求が遅れた理由〔　　　　　　　　　　　　　　　　　　　　　　　　〕		

第3章　社内規程・様式・労使協定例

社内様式2
☞33ページ　　　〔子の看護等休暇・介護休暇〕申出書

　　　　　　　　　殿

　　　　　　　　　　　　　　　　　　　　　〔申出日〕　　　　年　　月　　日
　　　　　　　　　　　　　　　　　　　　　〔申出者〕所属
　　　　　　　　　　　　　　　　　　　　　　　　　　氏名

　私は、育児・介護休業等に関する規則（第14条・第15条）に基づき、下記のとおり〔子の看護等休暇・介護休暇〕の申出をします。

記

		〔子の看護等休暇〕	〔介護休暇〕
1　申出に係る家族の状況	(1)　氏名		
	(2)　生年月日		
	(3)　本人との続柄		
	(4)　養子の場合、縁組成立の年月日		
	(5)　(1)の子が、特別養子縁組の監護期間中の子・養子縁組里親に委託されている子・養育里親として委託された子の場合、その手続きが完了した年月日		
	(6)　介護を必要とする理由		
2　申出理由			
3　取得する日		年　　月　　日　　時　　分から 年　　月　　日　　時　　分まで	
4　備考		年　　月　　日〜　　年　　月　　日（1年度）の期間において 育児　対象　　人　　日　　　　　介護　対象　　人　　日 （取得済日数・時間数　　日　　時間）　（取得済日数・時間数　　日　　時間） （今回申出日数・時間数　　日　　時間）　（今回申出日数・時間数　　日　　時間） （残日数・残時間数　　日　　時間）　（残日数・残時間数　　日　　時間）	

（注1）　当日、電話などで申し出た場合は、出勤後すみやかに提出してください。
　　　　　3については、複数の日を一括して申し出る場合には、申し出る日をすべて記入してください。
（注2）　子の看護等休暇の場合、取得できる日数は、小学校第3学年修了までの子が1人の場合は年5日、2人以上の場合は年10日となります。時間単位で取得できます。
　　　　　介護休暇の場合、取得できる日数は、対象となる家族が1人の場合は年5日、2人以上の場合は年10日となります。時間単位で取得できます。

5　社内様式

社内様式3
☞73ページ

子が3歳から小学校就学までの
柔軟な働き方を実現するための措置　申出書

　　　　　　　殿

　　　　　　　　　　　　　　　　　　　[申出日]　　　　年　月　　日
　　　　　　　　　　　　　　　　　　　[申出者] 所属
　　　　　　　　　　　　　　　　　　　　　　　　氏名

　私は、育児・介護休業等に関する規則（第22条）に基づき、下記のとおり子が3歳から小学校就学までの柔軟な働き方を実現するための措置（以下、「柔軟な措置」）の申出をします。

記

1　柔軟な措置に係る子の状況	(1)　氏名	
	(2)　生年月日	
	(3)　本人との続柄	
	(4)　養子の場合、縁組成立の年月日	
	(5)　(1)の子が、特別養子縁組の監護期間中の子・養子縁組里親に委託されている子・養育里親として委託された子の場合、その手続きが完了した年月日	
2　適用を希望する措置 ※希望する措置にチェック	□　1．育児短時間勤務の措置（所定労働時間を6時間にする措置）	
	□　2．養育両立支援休暇の措置（10日／年の養育のための休暇を付与する措置）	
3　柔軟な措置の適用を希望する期間	年　　　月　　　日から　　　年　　　月　　　日 ※育児・介護休業規程に基づき、最大1年間まで申出可能です。 ※上記で②の措置を選択した場合、付与される休暇日数は申出した期間により按分されます。 ※②を選択した場合、申出期間中は措置の内容を変更することはできません。	
4　申出に係る状況	(1)　柔軟な措置の開始予定日の1か月前に申し出て	いる・いない → 申出が遅れた理由 〔　　　　　　　　　　　　　　　　　　　〕
	(2)　1の子について柔軟な措置の申出を撤回したことが	ない・ある 再度申出の理由 〔　　　　　　　　　　　　　　　　　　　〕

（注）　3欄について、法令上柔軟な措置に関する適用期間等の制限はありませんが、他の両立支援制度とのバランスを鑑みて、「1年以内」等の申出期間の上限を設けることが考えられます。また、養育両立支援休暇については、都度休暇取得を行う制度であることから、申出期間中の措置の変更はできないものと制限することも考えられます。

（注）　4欄について、法令上で申出期間に関する特別な制限はありませんが、他の両立支援制度とのバランスを鑑みて、育児・介護休業規程に「1カ月前までに申出ること」等の制限を設けることが考えられます。

第3章　社内規程・様式・労使協定例

社内様式4
☞110ページ

（出生時）育児休業申出書

　　　　　　　殿

［申出日］　　　年　月　日
［申出者］所属
　　　　　氏名

　私は、育児・介護休業等に関する規則（第3条・第6条）に基づき、下記のとおり（出生時）育児休業の申出をします。

記

1　休業に係る子の状況	(1)　氏名	
	(2)　生年月日	
	(3)　本人との続柄	
	(4)　養子の場合、縁組成立の年月日	年　　　月　　　日
	(5)　(1)の子が、特別養子縁組の監護期間中の子・養子縁組里親に委託されている子・養育里親として委託された子の場合、その手続きが完了した年月日	年　　　月　　　日
2　1の子が生まれていない場合の出産予定者の状況	(1)　氏名 (2)　出産予定日 (3)　本人との続柄	
3　出生時育児休業（産後パパ育休）		
	3-1　休業の期間	年　月　日から　年　月　日まで （職場復帰予定日　　年　月　日） ※出生時育児休業を2回に分割取得する場合は、1回目と2回目を一括で申し出ること 　　　年　月　日から　年　月　日まで （職場復帰予定日　　年　月　日）
	3-2　申出に係る状況	(1)　休業開始予定日の2週間前に申し出て　｜　いる・いない→申出が遅れた理由〔　　　　　　　　〕
		(2)　1の子について出生時育児休業をしたことが(休業予定含む)　｜　ない・ある（　　回）
		(3)　1の子について出生時育児休業の申出を撤回したことが　｜　ない・ある（　　回）
4　1歳までの育児休業（パパ・ママ育休プラスの場合は1歳2か月まで）		
	4-1　休業の期間	年　月　日から　年　月　日まで （職場復帰予定日　　年　月　日） ※1回目と2回目を一括で申し出る場合に記載（2回目を後日申し出ることも可能） 　　　年　月　日から　年　月　日まで （職場復帰予定日　　年　月　日）

190

5　社内様式

	4-2　申出に係る状況	(1)　休業開始予定日の1か月前に申し出て	いる・いない→申出が遅れた理由〔　　　　　　　　　　　　　　〕
		(2)　1の子について育児休業をしたことが（休業予定含む）	ない・ある（　　回）→ある場合　休業期間：　　年　　月　　日から　　　　　　　　　　年　　月　　日まで→2回ある場合、再度休業の理由〔　　　　　　　　　　　　　　〕
		(3)　1の子について育児休業の申出を撤回したことが	ない・ある（　　回）→2回ある場合又は1回あるかつ上記(2)がある場合、再度申出の理由〔　　　　　　　　　　　　　　〕
		(4)　配偶者も育児休業をしており、規則第　条第　項に基づき1歳を超えて休業しようとする場合（パパ・ママ育休プラス）	配偶者の休業開始（予定）日　　　　　　　　年　　月　　日
5　1歳を超える育児休業			
	5-1　休業の期間	年　　月　　日から　　年　　月　　日まで（職場復帰予定日　　　年　　月　　日）	
	5-2　申出に係る状況	(1)　休業開始予定日の2週間前に申し出て	いる・いない→申出が遅れた理由〔　　　　　　　　　　　　　　〕
		(2)　1の子について1歳を超える育児休業をしたことが（休業予定含む）	ない・ある→再度休業の理由〔　　　　　　　　　　　　　　〕休業期間：　　年　　月　　日から　　　　　　　　年　　月　　日まで
		(3)　1の子について1歳を超える育児休業の申出を撤回したことが	ない・ある→再度申出の理由〔　　　　　　　　　　　　　　〕
		(4)　休業が必要な理由	
		(5)　1歳を超えての育児休業の申出の場合で申出者が育児休業中でない場合	配偶者が休業　している・していない配偶者の休業（予定）日（　　　年　　月　　日から　　　　年　　月　　日まで）
6　休業に係る配偶者の状況			
	6-1　配偶者の有無	有　・　無	
	6-2　配偶者の産後休業または育児休業取得（予定）（6-1が「有」の場合のみ記入）	有　・　無（産後休業　・　育児休業）	左記「有」の場合配偶者の休業（予定）期間①　　　年　　月　　日から　　　　　　年　　月　　日まで②　　　年　　月　　日から　　　　　　年　　月　　日まで

第3章　社内規程・様式・労使協定例

6-3　配偶者の雇用保険被保険者番号 （6-2が「有」で「育児休業」の場合のみ記入）	_____ － _____ － ___ ※前4桁－中6桁－後1桁（全11桁の番号）	
6-4　出生後休業支援給付金の申請に係る例外事由の確認 （6-2が「無」の場合のみ記入）	右記のいずれかに該当 　　する　・　しない ※　「する」にチェックをされた場合は、給付金の支給対象となる可能性があるため、後日該当事由に関連する資料の提出を依頼する場合があります。	● 専業主婦（夫）等の無業者 ● 役員や自営業、フリーランス等で被雇用者ではない ● 日々雇用、短期・パートタイム等で雇用保険の被保険者ではない ● その他特別な事情がある場合 　（その理由：　　　　　　　　）

（注）　上記3、4の休業は原則各2回まで、5の1歳6か月まで及び2歳までの休業は原則各1回です。申出の撤回1回（一の休業期間）につき、1回休業したものとみなします。

（注）　上記5の休業は、保育所等に入所を希望しているが、入所できない等の事情がある場合に申出が可能です。

〔提出先〕　直接提出や郵送のほか、電子メールでの提出も可能です。
　　　　　　○○課　　メールアドレス：□□□□@□□

※申出書に提出先を記載することは義務ではありませんが、提出先及び事業主が電子メール、FAX、SNS等の提出を認める場合はその旨を記載するとわかりやすいでしょう。

192

6 厚生労働省公表の参考様式

介護休業及び介護両立支援制度等
個別周知・意向確認書記載例（好事例）

仕事と介護を両立しよう！

介護休業等の制度を利用して、仕事と介護の両立を図りましょう。

1. 介護休業は介護の体制を構築するための休業です。

介護休業の期間中に、復帰後の仕事と介護の両立を見据えて、介護サービス利用等の方針を決定しましょう。

対象者	要介護状態にある対象家族を介護する労働者（日々雇用労働者を除く）。 　有期雇用労働者の方は、申出時点で、介護休業取得予定日から起算して93日経過する日から6か月を経過する日までに労働契約期間が満了し、更新されないことが明らかでない場合取得できます。 〈対象外〉（※対象外の労働者を労使協定で締結している場合の例） ①入社1年未満の労働者　②申出の日から93日以内に雇用関係が終了する労働者　③1週間の所定労働日数が2日以下の労働者
期間	対象家族1人につき通算93日までの間の労働者が希望する期間
対象家族の範囲	配偶者（事実婚を含む）、父母、子、配偶者の父母、祖父母、兄弟姉妹、孫
申出期限	休業の2週間前までに●●部□□係に申し出てください。
分割取得	3回に分割して取得可能

2. 介護休暇は日常的な介護のニーズにスポット的に対応するための休暇です。

介護保険の手続や要介護状態にある対象家族の通院の付き添いなどに対応するために、利用しましょう。

制度の内容	要介護状態にある対象家族を介護する場合、1年に5日（対象家族が2人以上の場合は10日）まで、介護その他の世話を行うために、休暇が取得できます（時間単位の休暇も可）。
対象者	要介護状態にある対象家族を介護する労働者（日々雇用労働者を除く）。 〈対象外〉（※対象外の労働者を労使協定で締結している場合の例） 1週間の所定労働日数が2日以下の労働者
申出先	●●部□□係に申し出てください。

3. その他の両立支援制度も利用して、仕事と介護を両立しましょう。

　日常的な介護のニーズに定期的に対応するため、以下の制度も利用しましょう。

(1)所定外労働の制限

制度の内容	要介護状態にある対象家族を介護する場合、所定外労働を制限することを請求できます。
対象者	要介護状態にある対象家族を介護する労働者（日々雇用労働者を除く）。 〈対象外〉（※対象外の労働者を労使協定で締結している場合の例） ①入社1年未満の労働者　②1週間の所定労働日数が2日以下の労働者
期間	1回の請求につき1か月以上1年以内の期間
申出期限	開始の日の1か月前までに●●部□□係に申し出てください。
例外	事業の正常な運営を妨げる場合は、請求を拒むことがあります。

(2)時間外労働の制限

制度の内容	要介護状態にある対象家族を介護する場合、時間外労働を1月24時間、1年150時間以内に制限することを請求できます。
対象者	要介護状態にある対象家族を介護する労働者。 〈対象外〉 ①日々雇用労働者　②入社1年未満の労働者　③1週間の所定労働日数が2日以下の労働者
期間	1回の請求につき1か月以上1年以内の期間
申出期限	開始の日の1か月前までに●●部□□係に申し出てください。
例外	事業の正常な運営を妨げる場合は、請求を拒むことがあります。

(3)深夜業の制限

制度の内容	要介護状態にある対象家族を介護する場合、午後10時から午前5時までの深夜業を制限することを請求できます。
対象者	要介護状態にある対象家族を介護する労働者。 〈対象外〉 ①日々雇用労働者　②入社1年未満の労働者　③介護ができる同居の家族がいる労働者　④1週間の所定労働日数が2日以下の労働者　⑤所定労働時間の全部が深夜の労働者
期間	1回の請求につき1か月以上6か月以内の期間
申出期限	開始の日の1か月前までに●●部□□係に申し出てください。
例外	事業の正常な運営を妨げる場合は、請求を拒むことがあります。

(4)介護のための短時間勤務制度（事業主が選択した措置を記載。注）

制度の内容	要介護状態にある対象家族を介護する場合、1日の所定労働時間を●時間に短縮することができます。

対象者	要介護状態にある対象家族を介護する労働者（日々雇用労働者を除く）。 〈対象外〉（※対象外の労働者を労使協定で締結している場合の例） ①入社 1 年未満の労働者 ② 1 週間の所定労働日数が 2 日以下の労働者
期間・回数	対象家族 1 人につき、利用開始の日から連続する 3 年の間で 2 回まで
申出期限	原則開始の日の 2 週間前までに●●部□□係に申し出てください。

（注）　事業主は、介護のための所定労働時間の短縮等の措置として、⑴短時間勤務の制度、⑵フレックスタイム制、⑶始業・終業時刻の繰上げ・繰下げ、⑷労働者が利用する介護サービスの費用の助成その他これに準ずる制度のいずれかを講ずる必要があります。ここでは⑴短時間勤務の制度を導入した場合の例を記載していますが、その他の措置を講じている場合は、講じた措置について記載してください。

介護休業には、給付の支給があります。

介護休業給付

　介護休業を取得し、受給資格を満たしていれば、原則として休業開始時の賃金の 67% の介護休業給付を受けることができます。

介護保険制度も活用しましょう。

介護保険制度・介護サービス

　40 歳から 64 歳の方については、ご自身が加齢に起因する疾病により介護が必要となる可能性が高くなることに加えて、親が高齢となり介護が必要な状態になる可能性が高まる時期でもあります。介護保険制度は、介護保険加入者（40 歳以上の方）の保険料負担により、老後の不安の原因である介護を社会全体で支えています。

高齢のご家族の介護で悩み・不安がある方へ

お住まいの地域包括支援センターへご相談ください。市区町村や、市区町村が委託する組織により公的に運営されており、相談内容に応じ、具体的な解決策の提案をします。高齢の家族の生活に関することや介護のことなど幅広く対応します。

介護サービスの利用のしかた
（ご自身やご家族に介護が必要になった場合の具体的な手続きの流れ）

①市区町村の窓口で「要介護（要支援）認定」の申請をします

②要介護認定の調査、判定などが行われ、認定結果が通知されます
　※40 ～ 64 歳の方は、要介護（要支援）状態が、加齢に起因する疾患として定められている「特定疾病」によって生じた場合に認定されます

③ケアプランを作成します
④サービスを利用します

> 40歳～64歳の方の介護保険料
> ■健康保険に加入している方
> 　健康保険に加入する40歳～64歳の方が負担する介護保険料は、健康保険の保険料と一体的に徴収されます。なお、介護保険料は医療保険料と同様に、原則、被保険者と事業主で1/2ずつ負担します。
> ■国民健康保険に加入している方
> 　国民健康保険に加入している40歳～64歳の方が負担する介護保険料については、国民健康保険の保険料と一体的に徴収されます。

　当社では、介護休業等の申出をしたこと又は取得したことを理由として不利益な取扱いをすることはありません。
　また、介護休業等に関するハラスメント行為を許しません。

介護休業・介護両立支援制度の取得・利用の意向について、以下を記載し、このページのコピーを、　　年　　月　　日までに、●●部□□係へ提出してください。

該当するものに〇	
	介護休業を取得する。
	介護休暇を取得する。
	所定外労働の制限を利用する。
	時間外労働の制限を利用する。
	深夜業の制限を利用する。
	介護のための短時間勤務制度を利用する。（注）
	いずれも取得・利用する意向はない。
	検討中

（※）介護休業以外の制度は、組み合わせて利用することができます。
（注）介護のための所定労働時間の短縮等の措置として、短時間勤務制度以外の措置を講じている場合は、講じた措置を記載してください。

　　　　　　　　　　　　　　　　　【提出日】　●年●月●日
　　　　　　　　　　　　　　　　　【提出者】　所属　　□□部△△課
　　　　　　　　　　　　　　　　　　　　　　　氏名　　◆◆　◆◆

6　厚生労働省公表の参考様式

40歳情報提供記載例（好事例）

仕事と介護の両立を考えよう！

　介護はいつ始まるか分かりません。だからこそ、いざというときに慌てないよう、事前に利用できる制度等を把握しておきましょう。

【介護に備えて確認しておきましょう】

● **仕事と介護の両立支援制度**…仕事と介護の両立のために利用できる、介護休業等の両立支援制度を確認しましょう。

● **介護休業給付**…介護休業を取得した場合に受けられる経済的支援について、受給資格や支給要件を確認しましょう。

● **介護保険制度・介護サービス**…40歳以上の方は介護保険に被保険者として加入します。介護保険制度の内容や、被保険者が利用できる介護サービスについて確認しましょう。

仕事と介護の両立支援制度

1. 介護休業は介護の体制を構築するための休業です。

　介護休業の期間中に、復帰後の仕事と介護の両立を見据えて、介護サービス利用等の方針を決定しましょう。

対象者	要介護状態にある対象家族を介護する労働者（日々雇用労働者を除く）。 　有期雇用労働者の方は、申出時点で、介護休業取得予定日から起算して93日経過する日から6か月を経過する日までに労働契約期間が満了し、更新されないことが明らかでない場合取得できます。 〈対象外〉（※対象外の労働者を労使協定で締結している場合の例） ①入社1年未満の労働者　②申出の日から93日以内に雇用関係が終了する労働者　③1週間の所定労働日数が2日以下の労働者
期間	対象家族1人につき通算93日までの間の労働者が希望する期間
対象家族の範囲	配偶者（事実婚を含む）、父母、子、配偶者の父母、祖父母、兄弟姉妹、孫
申出期限	休業の2週間前までに●●部□□係に申し出てください。
分割取得	3回に分割して取得可能

2. 介護休暇は日常的な介護のニーズにスポット的に対応するための休暇です。

　介護保険の手続や要介護状態にある対象家族の通院の付き添いなどに対応するために、利用しましょう。

制度の内容	要介護状態にある対象家族を介護する場合、1年に5日（対象家族が2人以上の場合は10日）まで、介護その他の世話を行うために、休暇が取得できます（時間単位の休暇も可）。

197

第3章　社内規程・様式・労使協定例

対象者	要介護状態にある対象家族を介護する労働者（日々雇用労働者を除く）。 〈対象外〉（※対象外の労働者を労使協定で締結している場合の例） 1週間の所定労働日数が2日以下の労働者
申出先	●●部□□係に申し出てください。

3. その他の両立支援制度も利用して、仕事と介護を両立しましょう。

　日常的な介護のニーズに定期的に対応するため、以下の制度も利用しましょう。

(1)所定外労働の制限

制度の内容	要介護状態にある対象家族を介護する場合、所定外労働を制限することを請求できます。
対象者	要介護状態にある対象家族を介護する労働者（日々雇用労働者を除く）。 〈対象外〉（※対象外の労働者を労使協定で締結している場合の例） ①入社1年未満の労働者　②1週間の所定労働日数が2日以下の労働者
期間	1回の請求につき1か月以上1年以内の期間
申出期限	開始の日の1か月前までに●●部□□係に申し出てください。
例外	事業の正常な運営を妨げる場合は、請求を拒むことがあります。

(2)時間外労働の制限

制度の内容	要介護状態にある対象家族を介護する場合、時間外労働を1月24時間、1年150時間以内に制限することを請求できます。
対象者	要介護状態にある対象家族を介護する労働者。 〈対象外〉 ①日々雇用労働者　②入社1年未満の労働者　③1週間の所定労働日数が2日以下の労働者
期間	1回の請求につき1か月以上1年以内の期間
申出期限	開始の日の1か月前までに●●部□□係に申し出てください。
例外	事業の正常な運営を妨げる場合は、請求を拒むことがあります。

(3)深夜業の制限

制度の内容	要介護状態にある対象家族を介護する場合、午後10時から午前5時までの深夜業を制限することを請求できます。
対象者	要介護状態にある対象家族を介護する労働者。 〈対象外〉 ①日々雇用労働者　②入社1年未満の労働者　③介護ができる同居の家族がいる労働者　④1週間の所定労働日数が2日以下の労働者　⑤所定労働時間の全部が深夜の労働者
期間	1回の請求につき1か月以上6か月以内の期間
申出期限	開始の日の1か月前までに●●部□□係に申し出てください。

6　厚生労働省公表の参考様式

例外	事業の正常な運営を妨げる場合は、請求を拒むことがあります。

⑷介護のための短時間勤務制度（事業主が選択した措置を記載。注）

制度の内容	要介護状態にある対象家族を介護する場合、1日の所定労働時間を●時間に短縮することができます。
対象者	要介護状態にある対象家族を介護する労働者（日々雇用労働者を除く）。 〈対象外〉（※対象外の労働者を労使協定で締結している場合の例） ①入社1年未満の労働者 ②1週間の所定労働日数が2日以下の労働者
期間・回数	対象家族1人につき、利用開始の日から連続する3年の間で2回まで
申出期限	原則開始の日の2週間前までに●●部□□係に申し出てください。

（注）　事業主は、介護のための所定労働時間の短縮等の措置として、⑴短時間勤務の制度、⑵フレックスタイム制、⑶始業・終業時刻の繰上げ・繰下げ、⑷労働者が利用する介護サービスの費用の助成その他これに準ずる制度のいずれかを講ずる必要があります。ここでは⑴短時間勤務の制度を導入した場合の例を記載していますが、その他の措置を講じている場合は、講じた措置について記載してください。

介護休業には、給付の支給があります。

介護休業給付

　介護休業を取得し、受給資格を満たしていれば、原則として休業開始時の賃金の67％の介護休業給付を受けることができます。

介護保険制度も活用しましょう。

介護保険制度・介護サービス

　40歳から64歳の方については、ご自身が加齢に起因する疾病により介護が必要となる可能性が高くなることに加えて、親が高齢となり介護が必要な状態になる可能性が高まる時期でもあります。介護保険制度は、介護保険加入者（40歳以上の方）の保険料負担により、老後の不安の原因である介護を社会全体で支えています。

高齢のご家族の介護で悩み・不安がある方へ

お住まいの地域包括支援センターへご相談ください。市区町村や、市区町村が委託する組織により公的に運営されており、相談内容に応じ、具体的な解決策の提案をします。高齢の家族の生活に関することや介護のことなど幅広く対応します。

第3章　社内規程・様式・労使協定例

介護サービスの利用のしかた
（ご自身やご家族に介護が必要になった場合の具体的な手続きの流れ）

①市区町村の窓口で「要介護（要支援）認定」の申請をします

②要介護認定の調査、判定などが行われ、認定結果が通知されます
　※40～64歳の方は、要介護（要支援）状態が、加齢に起因する疾患として定められている「特定疾病」によって生じた場合に認定されます

③ケアプランを作成します

④サービスを利用します

40歳～64歳の方の介護保険料
■健康保険に加入している方
　健康保険に加入する40歳～64歳の方が負担する介護保険料は、健康保険の保険料と一体的に徴収されます。なお、介護保険料は医療保険料と同様に、原則、被保険者と事業主で1/2ずつ負担します。
■国民健康保険に加入している方
　国民健康保険に加入している40歳～64歳の方が負担する介護保険料については、国民健康保険の保険料と一体的に徴収されます。

　当社では、介護休業等の申出をしたこと又は取得したことを理由として不利益な取扱いをすることはありません。
　また、介護休業等に関するハラスメント行為を許しません。

介護休業及び両立支援制度等
取得・利用促進方針周知例

我が社は仕事と介護を両立する社員を積極的にサポートします！

社長からのメッセージ

□□□□□□□□□□□□□□□□□□□□□□□□□□□□
□□□□□□□□□□□□□□□□□□□□□□□□□□□□
□□□□□□□□□□□□□□□□□□□□□□□□□□□□
□□□□□□□□□□□□□□□□□□□□□□□□□□□□
□□□□□□□□□□□□□□□□□□□□□□□□□□□□

［社長の顔写真］

～我が社の目標～
　　介護を理由として退職する社員を生じさせない。

介護休業や介護休暇等の両立支援制度を積極的に活用してください！
　そのためにも、
- 全労働者に対し年1回以上仕事と介護の両立に関する研修を実施します！
- 仕事と介護の両立に関する相談窓口を設置します！
- 介護に直面した旨の申出をした方に対し、個別に制度を周知するとともに介護休業や介護両立支援制度等の取得・利用の意向を確認します！
- 介護に直面する前の早い段階（40歳等）の方に対し、介護休業や介護両立支援制度等に関して情報提供を行います！

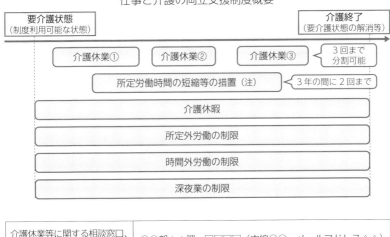

仕事と介護の両立支援制度概要

介護休業等に関する相談窓口、制度利用の申込先	○○部△△課　□□□□（内線○○、メールアドレス△△）

（注）　事業主は、介護のための所定労働時間の短縮等の措置として、(1)短時間勤務の制度、(2)フレックスタイム制、(3)始業・終業時刻の繰上げ・繰下げ、(4)労働者が利用する介護サービスの費用の助成その他これに準ずる制度のいずれかを講ずる必要があります。選択して講じた措置について記載してください。

第3章　社内規程・様式・労使協定例

> 子が3歳になる前の
> 個別周知・意向確認書記載例（好事例）

仕事と育児の両立を進めよう！

　労働者の仕事と育児の両立のため、育児期の柔軟な働き方を実現するための措置を講じています。夫婦で協力して育児をするため積極的に利用しましょう。
【制度を利用するメリット】
- **労働者本人のメリット**…子どもと一緒に過ごす時間の確保、これまでの業務の進め方を見直すきっかけ、時間管理能力・効率的な働き方が身につく
- **家族のメリット**…経済的な安定（夫婦ともに柔軟な働き方を実現しつつ就労継続することで、賃金水準を維持することができる）、育児・家事負担の分散
- **職場のメリット**…仕事の進め方・働き方を見直すきっかけ、職場の結束が強まり「お互い様」でサポートしあう関係が構築（育児だけでなく、病気による入院や家族の介護等の事情がある可能性も）、雇用環境の改善による離職率の低下・就職希望者の増加

1. 柔軟な働き方を実現するために、次の中から1つを選択して利用できます。

（注）　事業主は、柔軟な働き方を実現するための措置として、(1)フレックスタイム制又は始業・終業時刻の繰上げ・繰下げ、(2)テレワーク等の措置、(3)短時間勤務制度、(4)就業しつつ子を養育することを容易にするための休暇（養育両立支援休暇）の付与、(5)保育施設の設置運営その他これに準ずる便宜の供与の中から2つ以上の措置を選択して講ずる必要があります。ここでは(1)始業・終業時刻の繰上げ・繰下げ及び(2)テレワーク等の措置を講じた場合の例を記載していますが、選択して講じた措置の内容について記載してください。

対　象　者 （共　通）	3歳から小学校就学前の子を養育する労働者（日々雇用労働者を除く）。 〈対象外〉（※対象外の労働者を労使協定で締結している場合の例） ①入社1年未満の労働者　②1週間の所定労働日数が2日以下の労働者

(1)始業・終業時刻の繰上げ・繰下げ（時差出勤）

制度の内容	始業及び終業時刻について、以下のように変更することができます。 ・通常勤務＝午前8時30分始業、午後5時30分終業 ・時差出勤A＝午前8時始業、午後5時終業 ・時差出勤B＝午前9時始業、午後6時終業 ・時差出勤C＝午前10時始業、午後7時終業
期　　　間	1回の申出につき1年以内の期間
申 出 期 限	開始の日の1か月前までに●●部□□係に申し出てください。

(2)テレワーク

制度の内容	1月につき 10 日を限度として、テレワークを実施することができます（時間単位で実施可）。 ※時間単位で実施する場合は、始業時刻から連続又は終業時刻まで連続して取得することができます。
申 出 期 限	原則としてテレワークを実施予定の 2 営業日前までに、所属長に申し出てください。

2. その他の両立支援制度も積極的に利用しましょう。

(1)所定外労働の制限

制度の内容	小学校就学前の子を養育する場合、所定外労働を制限することを請求できます。
対　象　者	小学校就学前の子を養育する労働者（日々雇用労働者を除く）。 〈対象外〉（※対象外の労働者を労使協定で締結している場合の例） ①入社 1 年未満の労働者　② 1 週間の所定労働日数が 2 日以下の労働者
期　　　間	1 回の請求につき 1 か月以上 1 年以内の期間
申 出 期 限	開始の日の 1 か月前までに●●部□□係に申し出てください。
例　　　外	事業の正常な運営を妨げる場合は、請求を拒むことがあります。

(2)時間外労働の制限

制度の内容	小学校就学前の子を養育する場合、時間外労働を 1 月 24 時間、1 年 150 時間以内に制限することを請求できます。
対　象　者	小学校就学前の子を養育する労働者。 〈対象外〉 ①日々雇用労働者　②入社 1 年未満の労働者　③ 1 週間の所定労働日数が 2 日以下の労働者
期　　　間	1 回の請求につき 1 か月以上 1 年以内の期間
申 出 期 限	開始の日の 1 か月前までに●●部□□係に申し出てください。
例　　　外	事業の正常な運営を妨げる場合は、請求を拒むことがあります。

(3)深夜業の制限

制度の内容	小学校就学前の子を養育する場合、午後 10 時から午前 5 時までの深夜業を制限することを請求できます。
対　象　者	小学校就学前の子を養育する労働者。 〈対象外〉 ①日々雇用労働者　②入社 1 年未満の労働者　③子の保育ができる同居の家族がいる労働者　④ 1 週間の所定労働日数が 2 日以下の労働者 ⑤所定労働時間の全部が深夜の労働者
期　　　間	1 回の請求につき 1 か月以上 6 か月以内の期間
申 出 期 限	開始の日の 1 か月前までに●●部□□係に申し出てください。
例　　　外	事業の正常な運営を妨げる場合は、請求を拒むことがあります。

第3章　社内規程・様式・労使協定例

　当社では、1、2の措置の利用の申出をしたこと又は利用したことを理由として不利益な取扱いをすることはありません。
　また、妊娠・出産、育児休業等に関するハラスメント行為を許しません。

措置の利用の意向について、以下を記載し、このページのコピーを、　　年　月　　日までに、●●部□□係へ提出してください。
（注）　事業主は2つ以上の措置を選択して講ずる必要があります。選択して講じた措置を記載してください。

該当するものに○	
	始業・終業時刻の繰上げ・繰下げをする。
	テレワークを実施する。
	いずれも利用する意向はない。
	検討中

（※）労働者は上記措置のうち、ひとつを選択して利用することができます。

【提出日】　●年●月●日
【提出者】　所属　□□部△△課
　　　　　　氏名　◆◆　◆◆

204

6　厚生労働省公表の参考様式

> ┌─────────────────┐
> │ 妊娠・出産等申出時 │
> │ 個別の意向聴取書記載例 │
> └─────────────────┘

> 労働者が妊娠・出産等を申し出た場合に実施する、育児休業・出生時育児休業に関する個
> 別周知・意向確認と併せて、個別の意向聴取を実施することは差し支えありません。

仕事と育児の両立の支障となるような個別の事情の改善に資することがあれ
ば、以下を記載し、このページのコピーを、　　　年　　　月　　　日までに、●●
部□□係へ提出してください。

【仕事と育児の両立に関する意向】
※以下の勤務条件や両立支援制度等について、希望の条件や利用期間があれば記載し
　てください。

項目	希望内容
〈勤務条件〉	
勤務時間帯（始業及び終業の時刻）	
勤務地（就業の場所）	
〈両立支援制度等の利用期間〉	
育児休業	
短時間勤務制度（注1）	
所定外労働の制限	
時間外労働の制限	
深夜業の制限	
子の看護等休暇	
その他（注2）	

（注1）　労使協定により、短時間勤務制度を講ずることが困難な業務に従事する労働者を適用
　　　　除外としている場合、代替措置（①育児休業に準ずる制度、②始業時刻変更等の措置、
　　　　③テレワーク等の措置のいずれか）を講じて項目に追加してください。
（注2）　事業主は、柔軟な働き方を実現するための措置として、(1)フレックスタイム制又は始
　　　　業・終業時刻の繰上げ・繰下げ、(2)テレワーク等の措置、(3)短時間勤務制度、(4)就業し
　　　　つつ子を養育することを容易にするための休暇（養育両立支援休暇）の付与、(5)保育施
　　　　設の設置運営その他これに準ずる便宜の供与の中から2つ以上の措置を選択して講ずる
　　　　必要があります。「その他」欄では、選択して講じた措置の内容について意向の聴取を
　　　　行うことが想定されます。

【その他、仕事と育児の両立に資する就業の条件について、希望すること（その理由）】
※障害のある子や医療的ケアを必要とする子を養育している場合や、ひとり親である
　等の場合であって、仕事と育児の両立に資する就業の条件について希望することが
　あれば、こちらに記載してください。

【提出日】　●年●月●日
【提出者】　所属　□□部△△課
　　　　　　氏名　◆◆　◆◆

第3章 社内規程・様式・労使協定例

> **子が3歳になる前の**
> **個別の意向聴取書記載例**

> 労働者の子が3歳に達するまでの時期に実施する、柔軟な働き方を実現するための措置に
> 関する個別周知・意向確認と併せて、個別の意向聴取を実施することは差し支えありません。

仕事と育児の両立の支障となるような個別の事情の改善に資することがあれ
ば、以下を記載し、このページのコピーを、　　年　　月　　日までに、●●
部□□係へ提出してください。

【仕事と育児の両立に関する意向】
※以下の勤務条件や両立支援制度等について、希望の条件や利用期間があれば記載し
　てください。

項目		希望内容
〈勤務条件〉		
勤務時間帯（始業及び終業の時刻）		
勤務地（就業の場所）		
〈両立支援制度等の利用期間〉		
所定外労働の制限		
時間外労働の制限		
深夜業の制限		
子の看護等休暇		
柔軟な働き方を実現するための措置(注1)	①始業・終業時刻の繰上げ・繰下げ	
	②テレワーク	
その他(注2)		

(注1)　事業主は、柔軟な働き方を実現するための措置として、(1)フレックスタイム制又は始
　　　業・終業時刻の繰上げ・繰下げ、(2)テレワーク等の措置、(3)短時間勤務制度、(4)就業し
　　　つつ子を養育することを容易にするための休暇（養育両立支援休暇）の付与、(5)保育施
　　　設の設置運営その他これに準ずる便宜の供与の中から2つ以上の措置を選択して講ずる
　　　必要があります。ここでは(1)始業・終業時刻の繰上げ・繰下げ及び(2)テレワーク等の措
　　　置を講じた場合の例を記載していますが、①、②の欄には選択して講じた措置の内容に
　　　ついて記載してください。
(注2)　「その他」欄では、育児休業、短時間勤務について法を上回る範囲の労働者に適用し
　　　ている等の場合に、当該制度について意向の聴取を行うことが想定されます。

【その他、仕事と育児の両立に資する就業の条件について、希望すること（その理由）】
※障害のある子や医療的ケアを必要とする子を養育している場合や、ひとり親である
　等の場合であって、仕事と育児の両立に資する就業の条件について希望することが
　あれば、こちらに記載してください。

　　　　　　　　　　　　　　　　　【提出日】　●年●月●日
　　　　　　　　　　　　　　　　　【提出者】　所属　□□部△△課
　　　　　　　　　　　　　　　　　　　　　　　氏名　◆◆　◆◆

206

厚生労働省公表Q&A

1. 令和6年改正育児・介護休業法に関するQ&A
   (令和7年1月23日時点)
2. 令和6年改正次世代育成支援対策推進法に関するQ&A
   (令和6年12月19日時点)

厚生労働省公表Q&A

① 令和6年改正育児・介護休業法に関するQ&A（令和7年1月23日時点）

1.全体

（改正内容について）

Q1：今回の改正の主な内容と施行日を教えてください。

A1：今回の改正は、男女ともに仕事と育児・介護を両立できるようにするため、

① 柔軟な働き方を実現するための措置等の義務付け

② 所定外労働の制限（残業免除）の対象拡大

③ 育児のためのテレワーク等の導入の努力義務化

④ 子の看護休暇の取得事由及び対象となる子の範囲の拡大等

⑤ 仕事と育児の両立に関する個別の意向聴取・配慮の義務付け

⑥ 育児休業取得状況の公表義務を 300 人超の企業に拡大

⑦ 介護離職防止のための個別の周知・意向確認、雇用環境整備等の措置の義務付け

⑧ 次世代育成支援対策推進法の有効期限の延長

⑨ 育児休業取得等に関する状況把握・数値目標設定の義務付け

等の措置を講ずるものです。

　内容に応じて3段階の施行となり、

・⑧は令和6年5月31日から、

・②③④⑥⑦⑨は令和7年4月1日から、

・①⑤は令和7年10月1日から

施行されます。

　内容についての詳細は、厚生労働省のホームページに掲載されているリーフレット等をご参照ください。

https://www.mhlw.go.jp/stf/seisakunitsuite/bunya/
0000130583.html

2.子の年齢に応じた柔軟な働き方を実現するための措置の拡充

（改正内容について）

1　令和6年改正育児・介護休業法に関するQ&A

Q2-1：今回の改正による

　①　「柔軟な働き方を実現するための措置」と、

　②　「所定外労働の制限（残業免除）の対象拡大」について、

　それぞれ主な内容を教えてください。

A2-1：

　①　柔軟な働き方を実現するための措置について

　　　3歳以上小学校就学前の子を養育する労働者が、柔軟な働き方を活用しながらフルタイムでも働ける措置も選べるようにするためのものです。事業主が過半数労働組合等からの意見聴取の機会を設け、職場のニーズを把握した上で、「始業時間等の変更」、「テレワーク等」（10日以上/月、原則時間単位で利用可）、「保育施設の設置運営等」「労働者が就業しつつ子を養育することを容易にするための休暇（養育両立支援休暇）の付与」（10日以上/年、原則時間単位で取得可）、「短時間勤務制度」の中から2つ以上の制度を措置し、労働者はその中から1つ選択して利用することができます。

　②　所定外労働の制限（残業免除）について

　　　改正前は、3歳に満たない子を養育する労働者が、請求すれば所定外労働の制限（残業免除）を利用することができましたが、今回の改正では、3歳以上小学校就学前の子を養育する労働者についても請求すれば利用できるようになります。

（過半数労働組合等からの意見聴取等について）

Q2-2：

　①　事業主が「柔軟な働き方を実現するための措置」を選択する場合に、過半数労働組合等から意見を聴取することとなっていますが、「柔軟な働き方を実現するための措置」の施行日（令和7年10月1日）までに、過半数労働組合等の意見聴取を行う必要がありますか。

　②　また、施行日までに制度の対象となる労働者に対し、個別の周知と意向確認をする必要がありますか。

A2-2：

　①　改正後の育児・介護休業法第23条の3第1項に基づき、事業主は、令和7年10月1日の施行日より「柔軟な働き方を実現するための措置」を講ずる義務が生じます。

　　　このため、施行日に当該措置が講じられるよう、施行より前に過半数労

209

厚生労働省公表Q&A

働組合がある場合は過半数労働組合、過半数労働組合がない場合は過半数代表の意見を聴く等の必要があります。

② また、改正後の育児・介護休業法第23条の3第5項及び第6項に基づき、厚生労働省令で定める期間内（※）に「柔軟な働き方を実現するための措置」に係る対象措置等を知らせることや労働者の意向を確認すること等については、施行より前に講ずる義務はありません。しかし、施行日から「柔軟な働き方を実現するための措置」が利用できるよう、施行より前において講ずることが望ましいです。

※ 労働者の子が3歳の誕生日の1か月前までの1年間（1歳11か月に達する日の翌々日から起算して1年間（2歳11か月に達する日の翌日まで））。詳細はQ2-21、Q2-22をご参照ください。

Q2-3：「過半数労働組合等からの意見聴取の機会」について、

① 意見聴取の方法（面談・書面・メール等）に定めはありますか。

② 意見聴取をした結果、労働組合から示された意見に応えることができなかったり、意見に沿わない措置を選択せざるを得ない場合、会社としてはどのように対応すればよいですか。

A2-3：

① 意見聴取の方法について、法令上の定めはありませんが、過半数労働組合等を通じて、柔軟な働き方を実現するための措置としていかなる措置を講ずるべきかについての労働者のニーズを適切に把握できるよう、丁寧にコミュニケーションを取っていただくことが重要です。なお、育児当事者等からの意見聴取や労働者へのアンケート調査の活用も並行して行うことが望ましいです。

② 労働者の意向等を十分に検討した上であっても、事業の性質等から労働組合から聴取した意見に沿えないようなことも生じ得ます。その場合は、労働組合と丁寧にコミュニケーションを取っていただき、こうした判断に至った事情等についてご説明いただくことが考えられます。

（選択的措置義務について）

Q2-4：「柔軟な働き方を実現するための措置」を企業単位で2つ措置するのではなく、業務の性質又は業務の実施体制に照らして、事業所単位や事業所内のライン単位、職種ごとに措置してもよいですか。

A2-4：差し支えありません。

措置の選択に当たっては、職場の実情を適切に反映するため、事業所の業

務の性質や内容等に応じて措置の組合せを変えるなどの取組を行うことが望ましいです。

Q2-4-2：シフト制を含む交替制勤務を行う労働者に、柔軟な働き方を実現するための措置は適用されますか。また、適用されるとした場合、どのような措置を講ずることが考えられますか。

A2-4-2：シフト制を含む交替制勤務を行う労働者も柔軟な働き方を実現するための措置の対象となります。

　また、シフト制を含む交替制勤務の形態は多岐にわたることから一概にお答えすることは困難ですが、一般論として、例えば交替制勤務（例：早番9時～17時、遅番13時～21時）の労働者について、通常であればいずれの勤務時間帯も一定割合以上の勤務が求められる場合に、希望したものは早番勤務のみとすることを認める措置は、新制度（柔軟な働き方を実現するための措置）のうち「始業時刻等の変更」を措置したこととなります。

　なお、シフト制を含む交替制勤務であることで各労働日の始業・終業時刻が（上記例のように早番、遅番で）異なることをもって「始業時刻等の変更」が措置されたことにはなりません。また、始業又は終業の時刻を繰り上げ又は繰り下げる時間の範囲について一律の制限はありませんが、保育所等への送迎の便宜等を考慮して通常の始業又は終業の時刻を繰り上げ又は繰り下げる制度である必要があります。

　シフト制を含む交替制勤務の職場においては、テレワーク等を行うことが困難な場合も想定されますが、そのようなテレワーク等を行うことが業務の性質上困難な労働者については、それ以外の選択肢（「始業時刻等の変更（フレックスタイム制又は時差出勤）」、「短時間勤務制度」、「養育両立支援休暇の付与」、「保育施設の設置運営等」）から2以上を選択して措置することが求められます。

Q2-5：事業主が「柔軟な働き方を実現するための措置」を用意したとしても、労働者の業務内容によって選択できないような場合、事業主側は措置義務を果たしたことになりますか。

A2-5：労働者の個々の事情による求めに応じて措置することまで義務とはしていないものの、労働者の職種や配置等から利用できないことがあらかじめ想定できるものを措置することは、事業主が措置義務を果たしたことにはなりません。

　このため、企業単位で措置を考えるだけでなく、事業所単位、あるいは事

業所内のライン単位や職種ごとに講ずる措置の組合せを変えることとしても差し支えありません。

Q2-6：「柔軟な働き方を実現するための措置」について、事業主は正規・非正規雇用労働者間で異なる措置を選択してもよいですか。

A2-6：「柔軟な働き方を実現するための措置」について、正規・非正規雇用労働者間で異なる措置を選択して措置する場合、パートタイム・有期雇用労働法により、

(a) 職務の内容、

(b) 職務の内容・配置の変更の範囲、

(c) その他の事情

のうち、その待遇の性質及び目的に照らして適切と認められるものを考慮して、不合理な待遇差に当たらないようにすることが求められます。併せて、正規・非正規雇用労働者間で異なる取扱いをする場合には、事業主においてその差異の理由を労働者に対して合理的に説明できなければなりません。

Q2-7：事業主が、今回の改正を踏まえ、「柔軟な働き方を実現するための措置」を講ずる際、既に事業主が独自に当該措置で2つ以上の制度を導入している場合には、特段、新たな対応は求められないという理解でよいですか。

A2-7：既に社内で導入している制度（例えば「始業時刻等の変更」と「短時間勤務制度」）がある場合に当該制度を「柔軟な働き方を実現するための措置」として選択して講ずることは可能です。

　この場合、「柔軟な働き方を実現するための措置」が、3歳から小学校就学の始期に達するまでの子を養育する労働者が柔軟な働き方を通じて仕事と育児を両立できるようにする趣旨であるため、既に社内で導入している制度を「柔軟な働き方を実現するための措置」として講ずる場合においても、職場のニーズを把握するため改正後の育児・介護休業法第23条の3第4項に基づき、過半数労働組合等から意見を聴取する必要があります。

　なお、2つを措置した後、措置内容を追加、変更する場合においても、改めて過半数労働組合等からの意見を聴取する必要があります。

Q2-7-2：短時間労働者で既に6時間勤務以下の場合、当該短時間勤務制度の選択肢は措置済みと理解してよろしいでしょうか。または、短時間勤務制度以外で、2つ以上の措置を実施しなければならないのでしょうか。

A2-7-2：パートタイム労働者等の短時間労働者であって1日の所定労働時間が6時間以下のものについても、新制度（柔軟な働き方を実現するための措

置）の対象となるところ、事業主が短時間労働者も含めて、①短時間勤務制度（１日の所定労働時間を６時間に短縮できるもの）と②それ以外の４つの選択肢のいずれかの措置で①②合わせて２つ以上講じた場合、新制度（柔軟な働き方を実現するための措置）の措置義務を履行したこととなります。なお、労働者の１日の所定労働時間が６時間以下であることをもって直ちに「短時間勤務制度」の措置を講じたことにはならず、事業主は短時間勤務制度を含む５つの選択肢の中から、２つ以上を選択して措置する義務があります。

　また、例えば、１日の所定労働時間が６時間以下の短時間労働者と、１日の所定労働時間が６時間を超える正社員がいる事業所において、正社員には短時間勤務制度以外の選択肢から２つの措置を講じつつ、短時間労働者には短時間勤務制度を含む２つの措置を講じるような場合、パートタイム・有期雇用労働法により、

(a)　職務の内容、

(b)　職務の内容・配置の変更の範囲、

(c)　その他の事情

のうち、その待遇の性質及び目的に照らして適切と認められるものを考慮して、不合理な待遇差に当たらないようにすることが求められます。併せて、事業主においてその際の理由を労働者に対して合理的に説明できなければなりません。

Q2-8：「始業時刻等の変更」のうち、

① 「フレックスタイム制」と「始業終業時刻の変更」のどちらも選べる制度を設けた場合、措置を２つ設けたことになりますか。

② 「始業終業時刻の変更」については、最低何時間以上可能にする必要があるなど、決まりはありますか。

A2-8：

① 「柔軟な働き方を実現するための措置」に係る「始業時刻等の変更」のうち、「フレックスタイム制」と「始業終業時刻の変更」のどちらも選べる制度を設けた場合、措置を２つ設けたことにはならず、措置義務を果たしたことにはなりません。

　「柔軟な働き方を実現するための措置」の「始業時刻等の変更」とは、所定労働時間を変更しないことを前提としつつ、

・労働基準法に定める「フレックスタイム制」と

・１日の所定労働時間を変更することなく始業又は終業の時刻を繰り上げ

213

厚生労働省公表Q&A

又は繰り下げる制度（「始業終業時刻の変更」（時差出勤の制度））
のいずれかを指します。このため、フレックスタイム制と始業終業時刻の
変更を措置したとしても、措置を2つ講じたことになりません。

② 始業又は終業の時刻を繰り上げ又は繰り下げる時間の範囲について一律
の制限はありませんが、保育所等への送迎の便宜等を考慮して通常の始業
又は終業の時刻を繰り上げ又は繰り下げる制度である必要があります。

Q2-9：「柔軟な働き方を実現するための措置」として、「始業・終業時刻の変
更」、「フレックスタイム制」、「短時間勤務制度」などを設ける場合、利用者
に対し、利用の1か月前に事前に申請させるというような手続きを定める
ことは問題がありますか。

A2-9：育児・介護休業法上、「柔軟な働き方を実現するための措置」の利用の
申出の期限の定めはありません。ただし、労働者が申出をするタイミングや
申出の期限などを事業主が指定する場合には、これを就業規則等によりあら
かじめ明らかにしておくことが必要です。

　また、申出を行う労働者にとって過重な負担を求めることにならないよう配
慮しつつ、適切に定めることが必要です。例えば、過度に煩雑な手続や早す
ぎる期限を設定するなど、当該措置の適用を受けることを抑制し、ひいては
法律が当該措置を講ずること上事業主に義務付けた趣旨を失員的に失かせる
ものと認められるような手続を定めることは、許容されるものではありません。

Q2-10：事業主が選択して措置する制度の中にある「テレワーク等」につい
て、「等」には何が含まれますか。

A2-10：「テレワーク」は一般に「労働者が情報通信技術を利用して行う事業
場外勤務」を指すとされていますが、必ずしも「情報通信技術を利用」しな
い業務も想定されることから「テレワーク等」と表記しています。

　また、「テレワーク等」については、フルタイムを前提とし、実施場所は、
自宅で行われることを基本にしつつ、事業主が認める場合には、サテライト
オフィス等（労働者個人・事業主のどちらが契約して確保するものであるか
は問わない。）において行われることを含みます。

Q2-11：「テレワーク等」について、月に10日とされているが、3か月で30
日にするなど、1年に平均して月10日以上の仕組みにしてもよいですか。

A2-11：「テレワーク等」については、①1週間の所定労働日数が5日の労働
者については、1か月につき10労働日以上とし、②1週間の所定労働日数
が5日以外の労働者については、①の日数を基準としてその1週間の所定労

1　令和6年改正育児・介護休業法に関するQ&A

働日数に応じた労働日とすることとされています。

　「1か月につき」とされているため、例えば1週間の所定労働日数が5日
の労働者が2か月以上の期間利用を行った場合、平均して「1か月につき
10労働日」以上の設定が認められていれば差し支えありません。

Q2-12：

① 「労働者が就業しつつ子を養育することを容易にするための休暇（養育
両立支援休暇）の付与」

② 小学校就学前までの努力義務である「育児目的休暇」

③ 今般、取得事由が拡大された「子の看護等休暇」

は、それぞれどのようなものですか。

A2-12：

① 「養育両立支援休暇」は、3歳以上小学校就学前までの子を養育する労
働者が就業しつつ子を養育することを容易にするための休暇（改正後の育
児・介護休業法第23条の3第1項第4号）のことであり、「柔軟な働き方
を実現するための措置」の5つの「選択して講ずべき措置」の中の1つと
して位置づけられ、事業主が当該措置を講ずることとした場合には、年に
10日以上利用できるものとして、育児目的休暇とは別に設定し、原則時
間単位で利用できるようにする必要があります。また、取得理由は、就業
しつつ子を養育するのに資するものであれば、いかなる目的に利用するか
は労働者に委ねられることとなります。

※ 養育両立支援休暇の利用例：②や③の用途のほか、例えば、通常保育
所に子を迎えに行く配偶者が出張等で当該迎えができない日に時間単位
で休暇を取得し保育所に子を迎えにいく、子が就学する小学校等の下見
にいくなど。

② 「育児目的休暇」は、いわゆる配偶者出産休暇や子の行事参加に伴う休
暇など、「育児に関する目的のために利用できる休暇」（育児・介護休業法
第24条第1項）として、小学校就学前までの子を持つ労働者に対して措
置を講ずることが事業主の努力義務とされています。事業主が、努力義務
に基づく取組を実施する場合には、子の看護等休暇、介護休暇、年次有給
休暇とは別の制度として設定する必要がありますが、その範囲内で用途を
限定することも可能であり、また、法令上、日数等の定めもありません。

　また、今回の改正により、「養育両立支援休暇」は「育児目的休暇」か
ら除外されますが、既に導入していた「育児目的休暇」を3歳以降小学校

215

就学前までの制度として独立させ、「1年につき10労働日以上の利用をすることができるもの」等の「養育両立支援休暇」の要件を満たすものとして設定することは可能です。

※ 育児目的休暇から除外されるもの：子の看護等休暇、介護休暇、労働基準法第39条の規定により与えられる年次有給休暇、養育両立支援休暇

※ 育児目的休暇の利用例：出産後の養育について出産前に準備する、保育園の遠足、運動会に同行する、参観日に参観するなど。

③ 「子の看護等休暇」は、負傷し、若しくは疾病にかかった子の世話、疾病の予防を図るために必要な子の世話若しくは感染症による学級閉鎖等に伴う子の世話を行うため、又は子の教育若しくは保育に係る行事のうち厚生労働省令で定めるものへの参加をするための休暇（育児・介護休業法第16条の2第1項）です。取得可能な用途は、ⅰ）子の病気・けが、ⅱ）子の予防接種・健康診断、ⅲ）感染症に伴う学級閉鎖等、ⅳ）入園（入学）式、卒園式に限定されます。

今回の改正により、対象となる子の範囲が小学校第3学年までに拡大するとともに、取得できる用途にⅲ）ⅳ）が追加されます。

（参考）養育両立支援休暇、育児目的休暇、子の看護等休暇の関係性

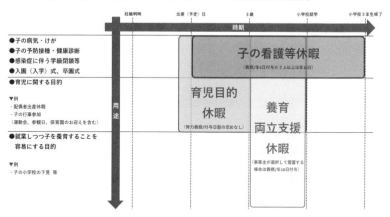

Q2-13：「労働者が就業しつつ子を養育することを容易にするための休暇（養育両立支援休暇）」については、無給でもよいでしょうか。

A2-13：「養育両立支援休暇」を取得している期間については、労働者は労務を提供しないため、無給でも問題ありませんが、企業独自に法を上回る措置として有給とすることは差し支えありません。

Q2-14：「労働者が就業しつつ子を養育することを容易にするための休暇（養育両立支援休暇）の付与」については、1年に10日以上の休暇の付与が定められていますが、付与単位を半年につき5日、1か月につき1日等とし、トータルで1年に10日以上となるような休暇を付与する仕組みにしてもよいですか。

A2-14：問題ありません。

　「養育両立支援休暇の付与」については、1年につき10労働日以上の利用をすることができるものとすることとされています。「1年につき」とされているため、例えば、6か月で5日、1か月で1日のように、社内制度において1年以内の期間で配分を設定した場合であっても、1年単位でみたときに計10労働日以上の休暇が確保されていれば差し支えありません。

　なお、1年につき10労働日に達しない制度になっている場合は認められません。

Q2-15：事業主が選択して措置する制度の中にある「保育施設の設置運営等」とは、具体的にどのような内容でしょうか。また、「設置運営等」の「等」には何が含まれますか。

A2-15：「保育施設の設置運営等」は、「保育施設の設置運営その他これに準ずる便宜の供与」（改正後の育児・介護休業法施行規則第75条の4）であり、「その他これに準ずる便宜の供与」には、例えば事業主がベビーシッターを手配（※）し、かつ、当該ベビーシッターに係る費用を補助することが含まれます。

　これは、育児・介護休業法第23条第1項に規定する育児のための所定労働時間の短縮措置の代替措置の一つである「保育施設の設置運営その他これに準ずる便宜の供与」の取扱いと同様です。

※　「手配」とは、ベビーシッター派遣会社と事業主が契約を締結して労働者からの希望に応じて当該会社に事業主が派遣の依頼を行うことのほか、ベビーシッター派遣会社と事業主が契約し、労働者が直接当該会社に派遣の依頼をすることも含まれます。

Q2-16：ベビーシッターの費用補助について、こども家庭庁の「企業主導型ベビーシッター利用者支援事業」の「ベビーシッター派遣事業割引券」を活用した場合、「保育施設の設置運営等」の「その他これに準ずる便宜の供与」として認められますか。

A2-16：「その他これに準ずる便宜の供与」とは、現行の育児・介護休業法第

23条第1項に規定する育児のための所定労働時間の短縮措置の代替措置の一つである「保育施設の設置運営その他これに準ずる便宜の供与」の取扱いと同様、ベビーシッターを手配し、かつ、当該ベビーシッターに係る費用の一部負担を行う必要があります。なお、費用負担の程度に基準はありません。

こども家庭庁の「企業主導型ベビーシッター利用者支援事業」の「ベビーシッター派遣事業割引券」については、事業主は当該割引券の発行や割引券の精算手続き等に係る費用を負担するものの、当該負担は「ベビーシッターに係る費用」の負担とは異なるものであるため、便宜の供与に該当せず、措置されたものとは認められません。

Q2-17：当社では、福利厚生サービスを提供する企業と契約し、年会費を支払い、カフェテリアプランの一環として、社員が当該企業が提携するベビーシッターのサービス等の福利厚生サービスを選択・利用できるようにしています。この場合、ベビーシッターの手配及び費用負担の措置を講じたことになりますか。

A2-17：措置を講じたことになります。

事業主は、福利厚生サービス会社と法人契約をし（手配）、会費を支払うことにより事実上労働者が利用したベビーシッターサービス料金の一部を負担しているため（費用負担）、事業主の「手配」かつ「費用負担」が認められるので、便宜の供与に該当し、措置を講じたことになります。

Q2-18：保育施設の設置は、事業所ごとに設置する必要がありますか。

A2-18：「保育施設の設置運営等」として保育施設を措置する場合については、原則として事業所ごとに設置する必要がありますが、例えば、保育施設を設置した事業所（A事業所）の近くの事業所（B事業所）の対象労働者が当該保育施設を利用できる場合は、B事業所について措置したこととして差し支えありません。

この場合、保育施設を設置したA事業所の近くにあるB事業所の労働者も当該施設を利用できることを就業規則上等で明らかにしておく必要があります。なお、保育施設は必ずしも事業所内にある必要はなく、対象労働者の通勤途上など合理的に利用できる範囲に設置されていれば措置を講じたものと解されます。

これは、育児・介護休業法第23条第1項に規定する育児のための所定労働時間の短縮措置の代替措置の一つである「保育施設の設置運営その他これに準ずる便宜の供与」の取扱いと同様です。

1 令和6年改正育児・介護休業法に関するＱ＆Ａ

（個別の周知・意向確認について）

Q2-19：「柔軟な働き方を実現するための措置」の個別の周知・意向確認について、事業主は、いつ、どのような内容で、どのような方法により実施すればよいですか。

A2-19：3歳以上小学校就学前の子を養育する労働者に対し、労働者の希望に応じてフルタイムで働くことができるよう、職場のニーズを把握した上で、「柔軟な働き方を実現するための措置」を2つ以上講じ、労働者が選択できるようにしなければなりません。その措置については、労働者の子が3歳の誕生日の1か月前までの1年間（1歳11か月に達する日の翌々日から起算して1年間（2歳11か月に達する日の翌日まで））に、

・「柔軟な働き方を実現するための措置」の内容

・「柔軟な働き方を実現するための措置」の内容の申出先

・所定外労働の制限に関する制度、時間外労働の制限に関する制度及び深夜業の制限に関する制度

について、当該労働者に対して個別に周知するとともに意向確認を行う必要があります。

　　また、個別の周知及び意向確認の方法は、

①　面談

②　書面の交付

③　FAX の送信

④　電子メール等の送信

のいずれかによって行う必要があります。ただし、③、④は労働者が希望した場合のみ実施可能です。

　　また、①については、オンラインによる面談でも差し支えありません。労働者の子が3歳の誕生日の1か月前までの1年間に実施されていれば、定期的に行っている人事面談等とあわせて実施いただくことも可能です。④の電子メール等による場合は、労働者が電子メール等の記録を出力することにより書面を作成できるものに限ります。

　　なお、個別周知と意向確認は、「柔軟な働き方を実現するための措置」の利用の申出が円滑に行われるようにすることが目的であり、取得の申出をしないように抑制する、申し出た場合に不利益をほのめかす、取得の前例がないことをことさらに強調するなど、取得や利用を控えさせるようなことは行ってはなりません。

219

Q2-20：出向者については、個別の周知・意向確認と雇用環境整備の措置は、出向元・出向先どちらの事業主が行うべきですか。

A2-20：「柔軟な働き方を実現するための措置」に関する雇用管理を行っている事業主が行うべきものです。なお、柔軟な働き方を実現するための措置の利用についての解釈としては、移籍元との間に労働契約関係が存在しない、移籍した労働者については、移籍先の事業主が該当し、在籍出向者については、賃金の支払、労働時間管理等が出向先と出向元でどのように分担されているかによって、それぞれケースごとに判断されるべきものとしています。

Q2-21：3歳の誕生日の1か月前までの1年間（1歳11か月に達する日の翌々日から2歳11か月に達する日の翌日まで）の計算方法を教えてください。

A2-21：例えば、3月15日生まれの子の場合、「3歳の誕生日の1か月前」とは、2月15日（以下15日を「誕生日応当日」という。）となります。「3歳の誕生日の1か月前までの1年間」とは、1歳の2月16日から2歳の2月15日までの1年間となります。

なお、民法の規定に従い、「1歳11か月に達する日」とは、1歳11か月の誕生日応当日である1歳の2月15日の前日、つまり2月14日となり、「1歳11か月に達する日の翌々日」とは2月16日となります。

また、「2歳11か月に達する日」とは、2歳11か月の誕生日応当日である2月15日の前日、つまり2月14日となり、「2歳11か月に達する日の翌日」とは2月15日となります。

なお、3月31日生まれの子については、1歳11か月の誕生日応当日となるべき2月31日が存在しないものの、民法143条第2項の規定により、「1歳11か月に達する日」は月末である2月28日（閏年ではない年の場合。閏年の場合2月29日）となり、

・1歳11か月に達する日の翌々日は3月2日
・2歳11か月に達する日の翌日は3月1日
となります。

（参考）

○民法（明治29年法律第89号）抄

（暦による期間の計算）

第百四十三条　週、月又は年によって期間を定めたときは、その期間は、暦に従って計算する。

2　週、月又は年の初めから期間を起算しないときは、その期間は、最後の週、月又は年においてその起算日に応当する日の前日に満了する。ただし、月又は年によって期間を定めた場合において、最後の月に応当する日がないときは、その月の末日に満了する。

○明治三十五年法律第五十号（年齢計算ニ関スル法律）

1　年齢ハ出生ノ日ヨリ之ヲ起算ス

2　民法第百四十三条ノ規定ハ年齢ノ計算ニ之ヲ準用ス

3　明治六年第三十六号布告ハ之ヲ廃止ス

Q2-21-2：「3歳の誕生日の1か月前までの1年間」に該当する第一子を養育する労働者が、第二子の育児休業中の場合であっても、個別周知・意向確認の実施は必要ですか。

A2-21-2：「3歳の誕生日の1か月前までの1年間」に該当する子を養育する労働者への柔軟な働き方を実現するための措置に関する個別の周知・意向確認は、当該子以外の子の年齢や労働者の育児休業の取得状況等にかかわらず、当該1年間のいずれかの時期に実施する必要があります。

　また、今回の改正では、個別の周知・意向確認の他に、勤務時間帯や勤務地、両立支援制度の利用期間の希望等といった個別の意向聴取・配慮も義務づけられていますが、第一子の「3歳の誕生日の1か月前までの1年間」（子が1歳11か月に達する日の翌々日～2歳11か月に達する日の翌日まで）のいずれかの時期の中で第二子の育休の開始時期等の状況に応じて、第二子の育児休業が開始する直前や、第二子が1歳に達し、原則的な育児休業が終了する直前など、事業主と労働者が何らかのコミュニケーションを取りやすいタイミングを工夫するなどして、こうした個別の周知・意向確認や個別の意向聴取・配慮を一体的に行っていただくことも考えられます。

　なお、個別の周知・意向確認については、①面談、②書面の交付、③FAXの送信（労働者が希望した場合のみ）、④電子メール等の送信（労働者が希望した場合のみ）のいずれかによることとされていますが、②書面の交付は、書面を直接手交することのほか、郵送によることも可能です。

厚生労働省公表Q&A

Q2-22：施行日である令和 7 年 10 月 1 日時点において、3 歳の誕生日の 1 か
月前までの 1 年間（子が 1 歳 11 か月に達する日の翌々日〜 2 歳 11 か月に
達する日の翌日まで）に行わなければならない「個別の周知・意向確認」の
対象となる子の範囲は何年何月何日生まれからですか。

A2-22：施行日（令和 7 年 10 月 1 日）において「個別の周知・意向確認」の
対象となる子の範囲は、令和 4 年 10 月 31 日から令和 5 年 10 月 30 日までに
生まれた子となります。

　　　施行日の令和 7 年 10 月 1 日時点で、子が 2 歳 11 か月に達する日の翌日を
過ぎている場合（子の誕生日が令和 4 年 10 月 30 日以前である場合）には、
法律上、個別の周知・意向確認の必要はありません。

　　　しかし、この場合であっても、「柔軟な働き方を実現するための措置」は
子が 3 歳の誕生日から小学校就学前まで利用可能となっていることから、小
学校就学前までの子を持つ労働者から制度の利用意向が示された場合には、
これに応じる必要があります。

　　　このため、施行日において、個別の周知・意向確認の対象外となる小学校
就学前までの子を持つ労働者に対しても、労働者の仕事と育児の両立支援の
ニーズに対応するため、利用可能な制度等に関する個別の周知等をしていた
だくことが望ましいです。

Q2-23：「柔軟な働き方を実現するための措置」の個別の周知・意向確認につ
いて対象者を一堂に集めて行ってもよいですか。

A2-23：「柔軟な働き方を実現するための措置」の個別の周知・意向確認は、

① 　面談

② 　書面の交付

③ 　FAX の送信

④ 　電子メール等の送信

のいずれかによって行う必要があります。ただし、③、④は労働者が希望し
た場合のみ実施可能です。

　　　また、①については、オンラインによる面談でも差し支えありません。④
の電子メール等による場合は、労働者が電子メール等の記録を出力すること
により書面を作成できるものに限ります。

　　　対象者を一堂に集めて行うことは制限されているわけではありませんが、
その場合においても、上記の方法に従う必要があります。また、一堂に集め
て行う場合には、各対象者の事情を的確に踏まえられるように、個別に「書

面の交付」を伴うなど、個別の周知・意向確認を行うに当たっての配慮を行っていただくことが望ましいです。

　なお、対象者が一堂に集められることで、労働者が申出をしにくい状況にならないよう、個々の労働者が意向を表明しやすい方法とする必要があります。

Q2-24：「柔軟な働き方を実現するための措置」の個別の周知・意向確認について、面談による方法の場合、実施した内容を記録する必要はありますか。

A2-24：記録する義務はありませんが、面談の場合は、その他の書面を交付する方法や電子メールの送信方法等と異なり、記録が残らないため、必要に応じて作成することが望ましいです。

Q2-25：日々雇用の労働者など将来にわたって「柔軟な働き方を実現するための措置」の対象とならない労働者であっても、3歳になるまでの間に個別の周知・意向確認を実施しなければならないですか。

A2-25：日々雇用の労働者など、今後「柔軟な働き方を実現するための措置」を利用する可能性がない場合については、個別の周知・意向確認を実施する必要はありません。

　また、日々雇用の労働者などから相談を受けた場合等においては、措置の対象とならない旨の説明を行えば足ります。

　なお、日々雇用の労働者については、個別の周知・意向確認を実施する義務はありませんが、法を上回る取組として個別の周知・意向確認を実施することは差し支えありません。

Q2-26：子が3歳に到達する時点においては「柔軟な働き方を実現するための措置」の対象とならないものの、将来的に措置の利用が可能になる可能性がある労働者に対しても、3歳になるまでの間に個別の周知・意向確認を実施しなければならないですか。

A2-26：子が3歳に到達する時点において「柔軟な働き方を実現するための措置」の対象とならないものの、将来的に措置の利用が可能になる可能性がある労働者としては、例えば、「柔軟な働き方を実現するための措置」について、労使協定において、継続雇用期間が1年未満の労働者を利用対象から除外している企業において、子の3歳到達時点では継続雇用期間が1年未満であるものの、子が3歳6か月時点で継続雇用期間が1年に達し、「柔軟な働き方を実現するための措置」の利用の対象になる場合などが該当します。このような労働者については、3歳の誕生日の1か月前までの1年間のいずれかの時点において個別の周知の措置を実施する必要があります。他方で、意

向確認の措置については、子の3歳到達時点では「柔軟な働き方を実現するための措置」の利用が可能ではないことから、実施する必要はありませんが、法を上回る取組として実施することは差し支えありません。

　なお、「柔軟な働き方を実現するための措置」の利用の対象外となる労働者であっても、改正後の育児・介護休業法第23条の3第6項に基づく就業に関する条件に係る労働者の意向の聴取・配慮の対象となることに留意が必要です。（Q2-36参照）

Q2-27：「柔軟な働き方を実現するための措置」は令和7年10月1日から開始されますが、制度の個別周知、意向確認は、令和7年10月1日以降に制度対象である子が3歳以上小学校就学前の子を養育する労働者に対して行えばよいですか。

A2-27：令和7年10月1日以降、事業主は3歳以上小学校就学前の子を養育する労働者に対し、「柔軟な働き方を実現するための措置」を講ずる義務（改正後の育児・介護休業法第23条の3第1項）が生じます。

　また、子が3歳の誕生日の1か月前までの1年間（1歳11か月に達する日の翌々日から起算して1年間（2歳11か月に達する日の翌日まで））に当該子を持つ労働者に対象措置等の周知や意向を確認すること（改正後の育児・介護休業法第23条の3第5項）等については、必ずしも施行日より前において講ずる義務はありませんが、施行日から「柔軟な働き方を実現するための措置」が利用できることが望ましいことから施行日より前において講じられていることが望ましいです。この場合、施行日より前に行われた対象措置等の周知と意向確認については、施行日後に行われたものと見なされることになります。

　なお、令和7年10月1日時点で子が2歳11か月に達する日の翌々日以降である労働者については、対象措置等の周知や意向確認を事業主が行う義務はありませんが、子が小学校就学前の場合には、当該労働者は施行日以降「柔軟な働き方を実現するための措置」を利用することができるため、周知や意向確認を行うことが望ましいです。

（所定外労働の制限の対象拡大について）

Q2-28：所定外労働の制限（残業免除）の対象年齢が拡大されましたが、その内容を教えてください。所定外労働の制限（残業免除）とは、労働者から申出があった場合には、必ず認めなければならないのでしょうか。

A2-28：改正前は、3歳に満たない子を養育する労働者は、請求すれば所定外

労働の制限（残業免除）を利用することができましたが、今回の改正では、3歳以上小学校就学前の子を養育する労働者についても請求すれば利用することができるようになります。労働者から所定外労働の制限（残業免除）の申出があった場合には、事業主は、事業の正常な運営を妨げる場合を除き、認めなければなりません。

「事業の正常な運営を妨げる場合」に該当するか否かは、その労働者の所属する事業所を基準として、その労働者の担当する作業の内容、作業の繁閑、代替要員の配置の難易等諸般の事情を考慮して客観的に判断することとなります。事業主は、労働者が所定外労働の制限を請求した場合においては、当該労働者が請求どおりに所定外労働の制限を利用することができるように、通常考えられる相当の努力をすべきものであり、単に所定外労働が事業の運営上必要であるとの理由だけでは拒むことは許されないものです。

Q2-29：「柔軟な働き方を実現するための措置」により選択された措置を利用している期間に、所定外労働の制限（残業免除）を同時に請求することはできますか。

A2-29：同時に請求できます。

なお、現行制度でも、フレックスタイム制が適用されている場合も含め、3歳未満の子を養育する労働者は事業主に対し、所定労働時間の短縮措置（短時間勤務制度）の利用と所定外労働の制限（残業免除）の請求を同時に行うことは可能となっています（所定外労働の制限は、改正後は小学校就学前の子を養育する労働者が請求できます）。

（育児・介護のためのテレワーク等の導入の努力義務化について）

Q2-30：

① 新たに設けられた「育児のためのテレワーク等の導入の努力義務」と、

② 3歳になるまでの「短時間勤務制度」を講ずることが困難と認められる業務の「代替措置として追加されたテレワーク等」

について、それぞれ説明してください。

A2-30：

① 育児のためのテレワーク等の導入の努力義務について

今回の改正で新たに設けられた、テレワーク等を講ずる努力義務については、すべての事業主が幅広く3歳になるまでの子を養育する労働者に対して講ずるよう努めることとされています。全事業主に対する努力義務になりますので、積極的な措置をお願いいたします。

② 短時間勤務制度の代替措置（※）として追加されたテレワーク等について

3歳になるまでの子を養育する労働者を対象とする短時間勤務制度については、業務の性質又は業務の実施体制に照らして、措置を講ずることが困難と認められる業務に従事する労働者について労使協定により対象外とすることが可能ですが、その場合、当該労働者については代替措置を講ずる必要があります。

今回の改正でこの代替措置の1つにテレワーク等が加わりました。短時間勤務を講ずることが困難な場合の代替措置のメニューの1つであり、事業主が代替措置のメニューの中から必ずテレワーク等を措置しなければならないということではありません。

※ 現行制度における代替措置は、①フレックスタイム制、②時差出勤、③保育施設の設置運営等

Q2-31：今般、3歳に達するまでの子を養育する労働者及び要介護状態の対象家族を介護する労働者に関して、事業主がテレワーク等の措置を講ずることが努力義務とされましたが、その内容を教えてください。また、社内にテレワーク等のできない業種・職種がある場合、社内で対象者を切り分けることとしてもよいですか。

A2-31：当該努力義務に関しては、通勤時間の削減等を通じて仕事と育児・介護の両立を容易にする趣旨で設けたものですが、法令上、内容・頻度等の基準は設けられていません。事業所内でテレワーク等を講ずることのできない業種・職種がある場合、当該措置の対象者を限定することは可能です。

（子の看護休暇・介護休暇の見直しについて）

Q2-32：子の看護休暇の見直しの内容、特に新たに取得事由として認められるものはどのようなものか教えてください。例えば、授業参観や運動会に参加する場合でも取得可能でしょうか。

A2-32：今回の改正により、対象となる子の範囲を小学校第3学年修了（現行は小学校就学前）まで拡大するとともに、現行の取得事由である子の病気、けが、予防接種、健康診断に加えて、新たに感染症に伴う学級閉鎖や入園（入学）式及び卒園式にも取得が可能になります。

なお、授業参観や運動会に参加する場合は、法的には子の看護等休暇の取得事由として認められませんが、法を上回る措置として事業主が独自の判断で取得事由に含めることは差し支えありません。

Q2-33：「小学校第3学年修了までの子」の定義について、就学猶予により例

えば小学校入学が 1 年遅れた子に関する子の看護等休暇は、小学校 3 年生
修了まで（＝ 10 歳になった年度の終わりまで）ですか。それとも小学校 2
年生修了まで（＝ 9 歳になった年度の終わりまで）ですか。

A2-33：改正後の子の看護等休暇を取得できる者については、「 9 歳に達する
日以後の最初の 3 月 31 日までの間にある子」を養育する労働者（改正後の
育児・介護休業法第 16 条の 2 第 1 項）とされていることから、就学猶予を
受けて小学校入学が 1 年遅れた子に関する子の看護等休暇を取得できる労働
者は、小学校 2 年生修了まで（＝ 9 歳になった年度の終わりまで）になります。

Q2-34：継続して雇用された期間が 6 か月未満の労働者について、子の看護
等休暇と介護休暇はどのように変わるのですか。

A2-34：改正前は、継続して雇用された期間が 6 か月未満の労働者を労使協定
によって子の看護休暇や介護休暇の対象から除外することが可能とされてい
ましたが、今回の改正により、継続して雇用された期間が 6 か月未満の労働
者を労使協定によって子の看護等休暇や介護休暇の対象から除外する仕組み
を廃止しました。これにより、継続して雇用された期間にかかわらず、子の
看護等休暇や介護休暇を利用できるようになります。

（個別の意向聴取や配慮について）

Q2-35：妊娠・出産等の申出時や子が 3 歳になる前に、（「育児休業制度等」・
「柔軟な働き方を実現するための措置」に係る個別の周知・意向確認とは別
に）労働者の仕事と育児の両立に関する個別の意向聴取と配慮が事業主に義
務づけられますが、具体的に、事業主は、どのようなことをすればよいです
か。

A2-35：労働者から、妊娠・出産等の申出があった場合や労働者の子が 3 歳に
なる前に、当該労働者に対して、勤務時間帯や勤務地、両立支援制度の利用
期間の希望等の個別の意向を聴取し、その事情等に配慮する必要があります。

　「個別の意向聴取」とは、事業主が、労働者が妊娠・出産等を申し出たとき
や、子が 3 歳になるまでの適切な時期に、労働者の意向を個別に聴取するも
ので、Q2-19 にある「柔軟な働き方を実現するための措置」の「個別の周知
や意向確認」と一緒のタイミングで行っていただくことも可能です。

　その方法としては、

①　面談

②　書面の交付

③　FAX の送信

④　電子メール等の送信

のいずれかによって行う必要があります。ただし、③、④は労働者が希望した場合のみ実施可能です。

　また、①については、オンラインによる面談でも差し支えありません。④の電子メール等による場合は、労働者が電子メール等の記録を出力することにより書面を作成できるものに限ります。

　聴取内容としては、①始業及び終業の時刻等の勤務時間帯、②勤務地（就業の場所）、③両立支援制度の利用期間、④仕事と育児の両立の支障となる事情の改善に資する就業の条件として何か希望がないかを確認することとなります。

　「配慮」とは、事業主が意向の聴取をした労働者の就業条件を定めるに当たり、聴取した意向も踏まえつつ、自社の状況に応じて「配慮しなければならない」こととされたものです。

　聴取した意向への配慮としては、事業主として意向の内容を踏まえた検討を行うことは必要ですが、その結果、何らかの措置を行うか否かは事業主が自社の状況に応じて決定していただくこととなります。なお、検討の結果労働者から聴取した意向に沿った対応が困難な場合には、困難な理由を労働者に説明するなどの丁寧な対応を行うことが重要です。

　具体的な配慮の取組例としては、勤務時間帯・勤務地にかかる調整、業務量の調整、両立支援制度等の利用期間等の見直し、労働条件の見直しなどが考えられますので、自社の状況に応じて、その意向に可能な範囲でご配慮いただくようにお願いします。

　加えて、事業主が個別の意向に配慮するに当たり、望ましい対応としては、
・労働者の子に障害がある場合や、医療的ケアを必要とする場合などであって、労働者が希望するときには、短時間勤務制度や子の看護等休暇制度等の利用可能期間を延長すること、
・ひとり親家庭の場合であって労働者が希望するときには、子の看護等休暇制度等の付与日数に配慮すること

などが考えられます。

Q2-36：令和３年改正では、妊娠・出産等の申出時において、既に「個別の周知・意向確認」が義務づけられていましたが、令和６年改正により、新たに義務づけられた「個別の意向聴取・配慮」とは、何が異なっているのでしょうか。

A2-36：

〈【1】個別の周知・意向確認（R3改正）〉

　　令和3年改正では、労働者から、本人又は配偶者が妊娠又は出産した旨等の申出があった場合に、事業主は、当該労働者に対して、育児休業制度等について周知するとともに、育児休業の取得意向を確認するための措置を義務付けました。

〈【2】個別の意向聴取・配慮（R6改正）〉

　　今回の改正において義務付けられた「個別の意向聴取・配慮」とは、労働者から、本人又は配偶者が妊娠又は出産した旨等の申出があった場合に、事業主は、勤務時間帯や勤務地、両立支援制度の利用期間の意向を労働者から聴取し、その意向に対し、配置や業務量の調整、両立支援制度の利用期間等の見直し、労働条件の見直し等に関して、自社の状況に応じて配慮をしなければならないこととしたものです。これは、子や家庭環境の状況によっては、仕事と育児の両立が困難となる場合があることを踏まえたものです。

　　よって、【1】と【2】の差異としては、【1】が育児休業制度等の周知と利用の意向確認に留まっていたのに対し、【2】は、育児に関する状況に起因する職業生活と家庭生活との両立を円滑にすることを目的として、職業生活と家庭生活との両立の支障となる事情の改善に資する就業に関する条件等について聴取し、その意向に配慮することが求められるものです。

　　なお、「個別の配慮」の例示については、A2-35の具体的な配慮の取組例を参照してください。

Q2-37：個別の意向の聴取と配慮は、妊娠・出産等の申出があった全ての労働者と、3歳になるまでの適切な時期にある子を養育する全ての労働者に実施しなければならないですか。

A2-37：労働者本人又は配偶者が妊娠・出産した旨等の申出があった場合と、労働者の子が3歳になるまでの適切な時期（※）にこれらの措置を実施する必要があります。

　※　3歳の誕生日の1か月前までの1年間（1歳11か月に達する日の翌々日から2歳11か月に達する日の翌日まで）。詳細はQ2-21、Q2-22参照のこと。

Q2-38：個別の周知・意向確認や、個別の意向の聴取・配慮は、人事部から行わなければならないですか。所属長や直属の上司から行わせることとして

229

厚生労働省公表Q&A

よいですか。

A2-38：現行の育児休業に関する規定（A2-36の【1】個別の周知・意向確認（R3改正）の規定）と同じく、「事業主」として行う手続きは、事業主又はその委任を受けてその権限を行使する者と労働者との間で行っていればよく、人事部でなくても、事業主から委任を受けていれば、所属長や直属の上司であっても差し支えありません。なお、所属長や直属の上司が実施することで、労働者が意向の表明をしにくい状況にならないよう、実施者となる所属長や直属の上司に対し、制度の趣旨や適切な実施方法等を十分に周知しておくことが重要です。

Q2-39：個別の意向の聴取と配慮は、個別労働者からではなく、労働組合から意見を聞くこととしてもよいですか。

A2-39：個別の意向の聴取と配慮は、労働組合からではなく、対象労働者に個別に行っていただく必要があります。

Q2-40：労働者又はその配偶者が妊娠・出産を申し出たときに、どのような内容を周知しなければならないですか。今回の改正に関連して、短時間勤務制度や育児時短就業給付についても、併せて周知する必要がありますか。

A2-40：労働者本人又は配偶者が妊娠・出産した旨等の申出があった場合、育児休業制度等（※）の周知が必要です。また、育児休業取得後に利用可能な制度等に関する情報を同時に周知することが効果的であると考えられることから、（子が3歳になるまでの）育児のための所定労働時間の短縮措置（短時間勤務制度）及び育児時短就業給付に関することについても、併せて周知することが望ましいです。

※妊娠・出産等申出時の個別周知事項
　・育児休業・出生時育児休業（産後パパ育休）に関する制度
　・育児休業・出生時育児休業（産後パパ育休）の申出先
　・育児休業給付・出生後休業支援給付に関すること
　・労働者が育児休業・出生時育児休業（産後パパ育休）期間について負担すべき社会保険料の取扱い

Q2-41：「個別の意向の聴取」における「就業の場所」とは、具体的にどのようなことを聞けばよいでしょうか。

A2-41：事業主は、個別の意向の聴取をした労働者の就業条件を定めるに当たっては、自社の状況に応じて労働者の仕事と育児に関する意向について自社の状況に応じて配慮することが求められます。

その際、勤務地が仕事と育児の両立を困難にしていないか確認する必要があります。

Q2-42：個別の意向の聴取の方法は「面談や書面の交付等」と記載がありますが、電話、オンラインによる面談、電子メールの送信でもよいですか。

A2-42： 個別の意向の聴取として認められる方法は、①面談、②書面の交付、③FAX の送信、④電子メール等の送信の 4 つとなりますが、③および④は、労働者が希望する場合に限ります。

また、①については、オンラインによる面談でも差し支えありません。④電子メール等の送信については、労働者が電子メール等の記録を出力することにより書面を作成できるものであることが必要です。

Q2-43：聴取した意向について、事業主は具体的にどのように配慮することが考えられますか。必ず、労働者の希望を叶えなければならないものなのでしょうか。

A2-43： 今回の改正では、子育て世帯の「共働き・共育て」を推進する中で、子や家庭の様々な事情に対応できるよう、労働者からの仕事と育児の両立に関する個別の意向の聴取とその意向への配慮を事業主に義務付けることとしています。

意向の内容を踏まえた検討を行った結果、何らかの措置を行うか否かは事業主が自社の状況に応じて決定していただければよく、必ず労働者の意向に沿った対応をしなければならないということではありませんが、例えば、勤務時間帯や勤務地に係る配置、業務量、両立支援制度の利用期間等について配慮することが考えられます。なお、検討の結果労働者から聴取した意向に沿った対応が困難な場合には、困難な理由を労働者に説明するなどの丁寧な対応を行うことが重要です。

加えて、事業主が個別の意向に配慮するに当たり、望ましい対応の例示としては、

・労働者の子に障害がある場合や医療的ケアを必要とする場合であって、労働者が希望するときには、短時間勤務制度や子の看護等休暇制度等の利用可能期間を延長すること
・ひとり親家庭の場合であって希望するときには、子の看護等休暇制度等の付与日数に配慮すること

などが考えられます。

Q2-44：事業主の「配慮」における「業務量の調整」とは、具体的にどのよ

うな配慮を行うことが考えられますか。

A2-44：例えば、可能な範囲で、業務の一部を他の労働者に割り当てることや業務フローを見直すことが考えられます。

3. 育児休業等の取得状況の公表義務の拡大（常時雇用する労働者数が300人超の事業主が対象）

（育児休業等の取得状況の公表義務の拡大について）

Q3-1：今般、男性労働者の育児休業等の取得状況の公表が従業員数300人超1,000人以下の事業主にも義務化されますが、育児休業等の取得状況の公表は、どのように行うのですか。

A3-1：男性の育児休業等の取得状況の公表（育児・介護休業法第22条の2）については、以下のA3-2にある内容をインターネットの利用その他の適切な方法により行うこととされています。（育児・介護休業法施行規則第71条の5）

　なお、男性の育児休業等の取得状況の公表に当たっては、自社ホームページ等のほか、「両立支援のひろば」で公表することもおすすめします。

https://ryouritsu.mhlw.go.jp/

Q3-2：育児休業等の取得状況の公表は、どのような内容を公表することが必要ですか。

A3-2：①又は②のいずれかの割合を公表する必要があります。（育児・介護休業法施行規則第71条の6）

公表内容　次の①または②いずれかの割合

公表を行う日の属する事業年度の直前の事業年度（公表前事業年度）における次の①または②のいずれかの割合を指します。

①育児休業等の取得割合	②育児休業等と育児目的休暇の取得割合
$\dfrac{\text{育児休業等をした男性労働者の数}}{\text{配偶者が出産した男性労働者の数}}$	$\dfrac{\text{育児休業等をした男性労働者の数} + \text{小学校就学前の子の育児を目的とした休暇制度を利用した男性労働者の数の合計数}}{\text{配偶者が出産した男性労働者の数}}$

①　「公表前事業年度（※1）において、事業主が雇用する男性労働者であって、配偶者が出産したものの数」のうち「公表前事業年度（※1）においてその雇用する男性労働者が育児休業等（※2）をしたものの数」

1　令和6年改正育児・介護休業法に関するQ&A

② 「公表前事業年度（※1）において、事業主が雇用する男性労働者であっ
て配偶者が出産したものの数」のうち「公表前事業年度（※1）において
その雇用する男性労働者が育児休業等（※2）をしたものの数及び小学校
就学の始期に達するまでの子を養育する男性労働者を雇用する事業主が講
ずる育児を目的とした休暇制度（育児休業等及び子の看護等休暇（※3）
を除く。）を利用したものの数の合計数」

※1　公表前事業年度：公表を行う日の属する事業年度の直前の事業年度
※2　育児休業等：育児休業及び法第23条第2項又は第24条第1項の規
定に基づく措置として育児休業に関する制度に準ずる措置が講じられ
た場合の当該措置によりする休業
※3　令和7年10月1日より、労働者が就業しつつ子を養育することを
容易にするための休暇（養育両立支援休暇）（改正後の育児・介護休
業法第23条の3第1項第4号）も除外対象となります。

Q3-3：育児休業等の取得状況の公表は、毎年いつまでに公表すればよいです
か。

A3-3：公表を行う日の属する事業年度の直前の事業年度（公表前事業年度）
の状況について、公表前事業年度終了後、おおむね3か月以内に公表してく
ださい。

　常時雇用する労働者数が300人超1,000人以下の事業主の事業年度末（決
算時期）に対応した最初の公表期限は次のとおりです。

事業年度末 （決算時期）	初回公表期限	事業年度末 （決算時期）	初回公表期限
3月	令和7（2025）年6月末	9月	令和7（2025）年12月末
4月	令和7（2025）年7月末	10月	令和8（2026）年1月末
5月	令和7（2025）年8月末	11月	令和8（2026）年2月末
6月	令和7（2025）年9月末	12月	令和8（2026）年3月末
7月	令和7（2025）年10月末	1月	令和8（2026）年4月末
8月	令和7（2025）年11月末	2月	令和8（2026）年5月末

4. 介護離職防止のための仕事と介護の両立支援制度の強化等

（介護離職防止のための個別の周知・意向確認について）

Q4-1：介護離職防止のための個別の周知と意向確認の措置として、事業主は、
どのような内容をどう実施すればよいですか。

233

厚生労働省公表Q&A

A4-1：労働者から家族の介護に直面した旨の申出があった場合に、当該労働者に対して、仕事と介護の両立支援制度等について周知するとともに、制度の取得意向を確認するための措置を実施する必要があります。

周知事項は、

① 介護休業に関する制度及び介護両立支援制度等（※）

② 介護休業に関する制度及び介護両立支援制度等の利用に係る申出の申出先

③ 介護休業給付に関すること

となります。

※ ①介護休暇、②所定外労働の制限、③時間外労働の制限、④深夜業の制限、⑤所定労働時間の短縮等

また、これらの個別の周知及び意向確認は、

① 面談

② 書面の交付（郵送によることも可能）

③ FAX の送信

④ 電子メール等の送信

のいずれかによって行う必要があります。ただし、③・④は労働者が希望した場合のみ実施可能です。また、①については、オンラインによる面談でも差し支えありません。④電子メール等の送信については、労働者が電子メール等の記録を出力することにより書面を作成できるものであることが必要です。

なお、個別の周知と意向確認は、介護休業申出や介護両立支援制度等の申出が円滑に行われるようにすることが目的であり、取得の申出をしないように抑制する、申し出た場合に不利益をほのめかす、取得の前例がないことをことさらに強調するなど、取得や利用を控えさせるようなことは行ってはなりません。

Q4-2：出向者については、個別の周知・意向確認と雇用環境整備の措置は、出向元・出向先どちらの事業主が行うべきですか。

A4-2：介護休業に関する雇用管理を行っている事業主が行うべきものです。なお、介護休業の取得についての解釈としては、移籍元との間に労働契約関係が存在しない、移籍した労働者については、移籍先の事業主が該当し、在籍出向者については、賃金の支払、労働時間管理等が出向先と出向元でどのように分担されているかによって、それぞれケースごとに判断されるべきものとしています。

Q4-3：介護に直面した旨の申出は口頭でもよいですか。

A4-3：法令では、申出方法を書面等に限定していないため、事業主において特段の定めがない場合は口頭でも可能です。（※）

　　　事業主が申出方法を指定する場合は、申出方法をあらかじめ明らかにしてください。仮に申出方法を指定する場合、その方法については、申出を行う労働者にとって過重な負担を求めることにならないよう配慮しつつ、適切に定めることが求められますので、例えば、過度に煩雑な手続を設定するなど、労働者が当該措置の適用を受けることを抑制し、ひいては法律が当該措置を講ずることを事業主に義務付けた趣旨を実質的に失わせるものと認められるような手続を定めることは、許容されるものではありません。

　　　また、仮に、その場合に指定された方法によらない申出があった場合でも、必要な内容が伝わるものである限り、措置を実施する必要があります。

　　※　口頭による申出の場合でも措置を実施する必要がありますので、円滑な措置の実施のために、例えば、あらかじめ社内で申出先等を決めておき、その周知を行っておくことが望ましいです。

Q4-4：介護に直面する全ての労働者に個別の周知・意向確認の措置を実施する必要がありますか。

A4-4：家族の介護に直面した旨の申出があった労働者に対して、これらの措置を実施する必要があります。

Q4-5：介護離職防止のための個別の周知・意向確認の措置は、令和7年4月1日から開始されますが、当該措置は、令和7年4月1日以降に介護に直面した旨の申出があった労働者に対して行えばよいですか。

A4-5：そのとおりです。

　　　なお、あらかじめ、令和7年4月1日より前に介護に直面した旨の申出等により介護に直面していることが分かっている労働者に対しては、個別の周知・意向確認の措置を行っていただくことが考えられます。

Q4-6：個別の周知・意向確認は、人事部から行わなければならないですか。所属長や直属の上司から行わせることとしてよいですか。

A4-6：現行の育児休業に関する規定（A2-36の【1】個別の周知・意向確認（R3改正）の規定）と同じく、「事業主」として行う手続きは、事業主又はその委任を受けてその権限を行使する者と労働者との間で行っていればよく、人事部でなくても、事業主から委任を受けていれば、所属長や直属の上司であっても差し支えありません。なお、所属長や直属の上司が実施することで、労働者が意向の表明をしにくい状況にならないよう、実施者となる所

属長や直属の上司に対し、制度の趣旨や適切な実施方法等を十分に周知しておくことが重要です。

Q4-7：個別の周知・意向確認の措置については、取得や利用を控えさせるようなことは認められていませんが、具体的にどういった場合が取得を控えさせるようなことに該当しますか。

A4-7：取得や利用を控えさせるようなこととしては、例えば、取得や利用の前例がないことをことさらに強調することなどが考えられます。なお、取得や利用の申出をしないように抑制する、申し出た場合の不利益をほのめかすといった、職場における介護休業等に関するハラスメントに該当する様態も含まれます。

　また、仮に一度取得や利用を控えさせるような言動があった後に、個別の周知、意向確認の措置が改めて行われた場合であっても、既に行われた取得や利用を控えさせるような言動を含め、実施された措置全体として取得や利用を控えさせる効果を持つ場合には、措置を実施したものとは認められません。

（介護に直面する前の早い段階での両立支援等に関する情報提供について）

Q4-8：「介護に直面する前の早い段階での両立支援制度等に関する情報提供」について、具体的にいつ、どのような内容を、どのような方法で実施すればよいですか。

A4-8：今回の改正により、家族の介護に直面する前の早い段階に、仕事と介護の両立支援制度等に関する情報を周知することが義務付けられました。

　周知の時期は、

・労働者が40歳に達する日の属する年度の初日から末日までの期間
・労働者が40歳に達する日の翌日から起算して1年間

のいずれかとしております。

　情報提供する内容は、

・介護休業に関する制度及び介護両立支援制度等
・介護休業申出及び介護両立支援制度等の利用に係る申出先
・介護休業給付に関すること

になります。

　また、情報提供を行うに当たっては、労働者が介護保険制度の内容を同時に知ることが効果的であることから、介護保険制度についても併せて周知することが望ましいです。

　情報提供の方法は、

① 面談
② 書面の交付
③ FAX の送信
④ 電子メール等の送信

のいずれかによって行う必要があります。

　なお、①については、オンラインによる面談でも差し支えありません。

　内容についての詳細は、厚生労働省のホームページに掲載されているリーフレット等をご参照ください。

https://www.mhlw.go.jp/stf/seisakunitsuite/bunya/0000130583.html

Q4-9：「介護に直面する前の早い段階での両立支援等に関する情報提供」について、例えば、年度当初などに対象となる労働者を一堂に集めてまとめて実施してもよいですか。

A4-9：「介護に直面する前の早い段階での両立支援等に関する情報提供」は、介護休業や介護両立支援制度等の理解と関心を深めるために行うものであり、年度当初などに対象者を一堂に集めて行っていただいても差し支えありません。

　なお、この場合でも、情報提供する内容やその方法は、A4-8 に記載された内容に従う必要があります。

Q4-10：指針によれば、両立支援制度等に関する早期の情報提供を行うに当たっては、介護保険制度についても併せて知らせることが望ましい、とされていますが、介護保険制度を知らせるに当たって有効なリーフレットやツールはありますか。

A4-10：介護保険制度の周知にあたっては、以下の URL の資料をご活用ください。

　介護保険制度について 40 歳になられた方（第 2 号被保険者）向けリーフレット

　（4 枚版）

　https://www.mhlw.go.jp/content/12300000/001238058.pdf

　（2 枚版）

　https://www.mhlw.go.jp/content/12300000/001238060.pdf

厚生労働省公表Q&A

（介護休業や仕事と介護の両立支援制度を取得・利用しやすい雇用環境の整備）

Q4-11：介護休業や仕事と介護の両立支援制度等を取得・利用しやすい雇用環境の整備として、事業主は、具体的にどのようなことをすればよいですか。

A4-11：介護休業や仕事と介護の両立支援制度等の申出が円滑に行われるようにするため、事業主は以下のいずれかの措置を講じなければなりません。

① 介護休業や仕事と介護の両立支援制度等に関する研修の実施

② 介護休業や仕事と介護の両立支援制度等に関する相談体制の整備等（相談窓口設置）

③ 自社の労働者の介護休業の取得事例や仕事と介護の両立支援制度等の利用事例の収集・提供

④ 自社の労働者へ介護休業制度と介護休業取得促進に関する方針の周知及び仕事と介護の両立支援制度等や仕事と介護の両立支援制度等の利用促進に関する方針の周知

なお、この場合、複数の措置を講ずることが望ましいです。

Q4-12：介護休業や介護両立支援制度等の申出が円滑に行われるようにするための、育児・介護休業法第 22 条第 2 項及び第 4 項に規定する雇用環境の整備等のうち、第 1 号の「研修の実施」については、

① 例えば、年度当初などにまとめて研修を実施してよいでしょうか。

② オンラインでの研修の実施も可能でしょうか。

③ 厚生労働省のホームページに掲載されている介護休業や介護両立支援制度等に関する資料の会社掲示板への掲載、配布でも雇用環境の整備を措置したものとして認められますか。

A4-12：

① まとめて実施していただくことは差し支えありません。対象者については、その雇用する全ての労働者に対して研修を実施することが望ましいです。なお、少なくとも管理職の者については研修を受けたことのある状態にする必要があります。

② 動画によるオンライン研修とすることも可能ですが、事業主の責任において、受講管理を行うこと等により、労働者が研修を受講していることを担保することが必要です。

③ 研修とは、一般に「知識等を高めるために、ある期間特別に勉強をすること。また、そのために行われる講習のこと」を意味しますので、単に資料や動画の会社掲示板への掲載や配付のみでは、研修を実施したこととは

なりません。

Q4-13：介護に直面している社員がおらず、また、採用する予定がない場合でも、雇用環境整備をする必要はありますか。

A4-13：介護休業や仕事と介護の両立支援制度等の対象となる家族には、直系の祖父母や配偶者の父母も含まれることから、幅広い年齢の労働者が介護休業申出や介護両立支援制度等の利用に係る申出を行う可能性があります。また、雇用環境の整備の措置を求めている育児・介護休業法第22条第2項及び第4項では、義務の対象となる事業主を限定していないことから、全ての事業主が雇用環境の整備をしていただく必要があります。

（介護休業制度の名称について）

Q4-14：介護休業制度について、社内に浸透しやすいよう事業主独自の名称に変更しても良いですか。

A4-14：企業で就業規則等において制度を定める際に、例えば「介護休業」を「介護の体制を構築するため一定期間休業する場合に対応するもの」であることが分かるように、「介護休業・介護体制準備休業」、「介護準備休暇」というように、事業主独自に名称を決めることは、法律上の取得要件等を満たしていれば差し支えありません。

　なお、介護休業制度、介護両立支援制度等の趣旨は以下のとおりです。

・「介護休業」は、要介護状態にある対象家族の介護の体制を構築するため一定期間休業する場合に対応するものと位置付けられている。

・「介護休暇」は、介護保険の手続や要介護状態にある対象家族の通院の付添いなど、日常的な介護のニーズにスポット的に対応するために利用するものと位置付けられている。

・「介護のための所定労働時間の短縮等」の措置その他の仕事と介護の両立のための柔軟な働き方に関する制度及び措置は、日常的な介護のニーズに定期的に対応するために利用するものと位置付けられている。

2 令和6年改正次世代育成支援対策推進法に関するQ&A(令和6年12月19日時点)

1. 一般事業主行動計画関係

Q1-1：今回の改正により、「一般事業主行動計画」の策定・変更を行うときは、職業生活と子育ての両立に関する状況を把握し、分析した上で、その結果を勘案して定めることとされていますが、どのように目標を設定していけばよいですか。

また、具体的にどのようなPDCAサイクルを実施する必要がありますか。

A1-1：今回の改正により、施行日（令和7年4月1日）以降に一般事業主行動計画の策定又は変更を行う際には、直近の事業年度における「育児休業等の取得状況」（下記①）及び「労働時間の状況」（下記②）を把握する（下記A）とともに、改善すべき事情を分析（下記B）した上で、①及び②に係る数値を用いて定量的な目標の設定（下記C）が必要になります。

① 「育児休業等の取得状況」：男性労働者の「育児休業等取得率」（※1）又は男性労働者の「育児休業等及び育児目的休暇の取得率」（※2）の状況

② 「労働時間の状況」：フルタイム労働者一人当たりの各月ごとの法定時間外労働及び法定休日労働の合計時間数等の労働時間（高度プロフェッショナル制度の適用を受ける労働者にあっては、健康管理時間）の状況

※1　育児・介護休業法第2条第1号の育児休業（産後パパ育休を含む）、第23条第2項の3歳未満の子を育てる労働者を対象とした育児休業及び第24条第1項の小学校就学前の子を育てる労働者を対象とした育児休業

※2　小学校就学の始期に達するまでの子を養育する男性労働者を雇用する事業主が講ずる育児を目的とした休暇制度（育児休業等、子の看護等休暇及び育児・介護休業法第23条の3第1項第4号に規定する休暇（養育両立支援休暇）を除く。）

〈A：育児休業等の取得状況、労働時間の状況の把握について〉

施行日（令和7年4月1日）までに一般事業主行動計画を策定していた

一般事業主については、直近の計画期間における育児休業等の取得状況、労働時間の状況や、各企業の実情に応じ、その他の労働者の職業生活と家庭生活との両立状況に関連する事項や数値等についても把握しておくことが望ましいです。

〈B：改善すべき事情の分析について〉

育児休業等の取得状況、労働時間の状況の課題分析は、各事業主の実情に応じて行うべきものですが、男女間で両立支援制度の利用状況に差があり、女性に育児負担が偏りがちである現状が見られることや、男女ともに働き方を見直していくことが必要であることを踏まえ、労働者の職業生活と家庭生活との両立が図られるようにするため、例えば、行動計画策定指針第五2⑷に記載された方法も参考に、「分析の観点例」に照らし、具体的な「取組例」が行われているかといった課題分析を行うことが効果的です。（詳細な「分析の観点例」及び「取組例」については行動計画策定指針第五2⑷をご確認ください。）

「育児休業等の取得状況に関する分析の観点例」（抜粋）

　○男女がともに育児休業、育児目的休暇等を取得できる状況にあるか。希望通りの期間が取得できる状況にあるか。

　○周囲に気兼ねなく育児休業等を取得できるよう、業務体制の見直しや代替業務に対応する体制の整備等が行われているか。

　など

「取組例」（抜粋）

　○定期的な労働者の意識調査（職場風土に関するもの）の実施と改善策

　○業務の見直し・効率化のための取組の実施

　○育児休業等取得者の代替業務に対応する労働者（業務代替者）の確保、業務代替者への手当（賃金の増額）等の検討・実施

　など

「労働時間の状況に関する分析の観点例」（抜粋）

　○長時間労働ゆえに仕事と家庭の両立が困難となっていないか。また、子育てを行う労働者のみならず、全ての労働者について長時間労働になっていないか。

　○特定の部署・特定の担当者・特定の時期に、特に長時間労働となっていないか。

厚生労働省公表Q&A

　　など
「取組例」（抜粋）
　　○組織のトップの会議での部署ごとの残業時間数等の公開・評価の実施
　　○部署横断的な人員配置の見直しを行いうる職位の高い責任者の指名と
　　　不断の人員配置の見直し
　　など

〈C：育児休業等の取得や労働時間の状況に係る数値目標の設定について〉
　　　一般事業主行動計画においては、より一層労働者の職業生活と家庭生活
　との両立が図られるようにするため、上記の課題分析の結果を踏まえつつ、
　その結果を勘案して、次世代育成支援対策の実施により達成しようとする
　目標として、育児休業等の取得状況や労働時間の状況に係る数値目標を設
　定することが必要です。また、育児休業等の取得の状況に係る数値目標を
　設定する際には、男女間の著しい育児休業等の取得状況の差を勘案し、企
　業内の労働者の取得実績や取得希望等を勘案して、男性の育児休業取得期
　間に関する適切な目標を設定されることが望ましいです。

　　　数値目標については、実数、割合、倍数等数値を用いるものであればい
　ずれでもかまいませんが、数値目標の水準については、計画期間内に達成
　を目指すものとして、各事業主の実情に見合った水準とすることが重要で
　す。具体的な数値目標例は以下のとおりです。
　（例）
　　○育児休業等の取得に係る数値目標
　　　・計画期間における男性の平均育児休業取得率を○％以上とする
　　　・男性の育児休業取得期間2週間以上の割合を○％以上とする
　　　・計画期間中の男性の育児休業取得率を○％とし、平均取得日数○日
　　　　以上を達成する
　　　・男性労働者で育児休業又は育児目的休暇を取得した者をそれぞれ○
　　　　名以上とする　　　　　　　　　　　　　　　　　　　　　　等
　　○労働時間の状況に係る数値目標
　　　・フルタイム労働者一人当たりの各月ごとの法定時間外労働及び法定
　　　　休日労働の合計時間数を○時間未満とする（又は○％削減する）
　　　・フルタイム労働者のうち、25歳～39歳の労働者の法定時間外・法
　　　　定休日労働時間の平均が各月○時間未満とする（又は○％削減す

242

2　令和6年改正次世代育成支援対策推進法に関するQ&A

る）　　　　　　　　　　　　　　　　　　　　　　　等

〈具体的な PDCA サイクル（計画の実施状況の点検）の方法について〉

　　一般事業主行動計画の推進に当たっては、定期的に、計画の実施状況や
数値目標の達成状況について点検・評価を実施し、計画（Plan）、実行（Do）、
評価（Check）、改善（Action）のサイクル（PDCA サイクル）を確立す
ることが重要です。

　　その際には、「女性が働きやすい職場」だけでなく「男女とも仕事と子
育てを両立できる職場」を目指すため、一般事業主行動計画を策定し、又
は変更しようとするときに実施する、状況把握・課題分析や、それを踏ま
えて目標が設定される数値の改善状況についても、併せて点検・評価を行
うことが効果的です。

※　計画の策定に当たっては、各企業の実情に応じて、例えば以下の必要な
　事項を盛り込むことが望ましいです（詳細は行動計画策定指針第六をご参
　照ください）。

【行動計画策定指針第六　抜粋】

⑴　妊娠中及び出産後における配慮

　○　現行の妊娠中及び出産後における配慮に関連し、配偶者が流産・
　　死産（人工妊娠中絶を含む。）をした労働者に対して、配偶者の支
　　援のため、休暇を取得しやすい環境を整備するなどの取組を実施す
　　る。

⑵　育児休業や短時間勤務制度を利用しやすく、育児休業後に職場復帰
　しやすい環境の整備

　○　育児休業に加え、短時間勤務制度も利用しやすく、また、育児休
　　業後の就業が円滑に行われるような環境を整備し、育児休業や短時
　　間勤務制度の利用を希望する労働者について、その円滑な取得を促
　　進するため、例えば、次に掲げる措置を実施すること。

　　ア　男性の育児休業の取得を促進するための措置
　　　　「産後パパ育休」の制度についての周知等、男性の育児休業の
　　　取得を促進するための措置を実施する。

　　イ　育児休業期間中や短時間勤務制度利用中の代替要員の確保等
　　　　育児休業や短時間勤務制度を利用する期間について当該労働者
　　　の業務を円滑に処理することができるよう、当該期間について当
　　　該業務を処理するための業務の代替要員確保や、業務内容や業務

243

厚生労働省公表Q&A

体制の見直し等に関する企業の方針を定め、実施するとともに、当該労働者や周囲の労働者に対して周知すること。

また、当該育児休業取得者又は短時間勤務制度利用者の原職や原職相当のポジションへの円滑な復帰等を促す観点から、周囲の労働者に対する業務状況のマネジメントや評価に関することや、当該期間中の手当ての支給等に関する事項についても盛り込んでおくことが望ましいです。

Q1-2：社内に「配偶者が出産した男性労働者」がいない事業主は、行動計画の策定に当たって、男性労働者の育児休業取得率に関する状況の把握や数値目標の設定を行う必要がありますか。

A1-2：常時雇用する労働者が101人以上いる事業主は、次世代育成支援対策推進法に基づく一般事業主行動計画を策定する義務があります。

今回の改正により、事業主が一般事業主行動計画を策定・変更する際は、直近の事業年度における以下の①「育児休業等の取得状況」及び②「労働時間の状況」を把握し、行動計画策定指針を踏まえ、改善すべき事情を分析する必要があります。

この際、直近の「事業年度」において「配偶者が出産した男性労働者」がいない場合も①及び②の状況を把握し、改善すべき事情を分析する必要があり、当該策定・変更する前の一般事業主行動計画期間など、直近の「事業年度」より前の状況を把握・分析することが考えられます。

また、それまでに一般事業主行動計画を策定していた一般事業主については、直近の「計画期間」におけるこれらの状況を把握することが望ましいです。

一般事業主行動計画の目標については、以下の①及び②に係る数値を用いて定量的に定める必要があります。

（把握・分析する事項）

①　「育児休業等の取得状況」：男性労働者の「育児休業等取得率」（※1）又は男性労働者の「育児休業等及び育児目的休暇の取得率」（※2）の状況

②　「労働時間の状況」：フルタイム労働者一人当たりの各月ごとの法定時間外労働及び法定休日労働の合計時間数等の労働時間（高度プロフェッショナル制度の適用を受ける労働者にあっては、健康管理時間）の状況

※1　育児・介護休業法第2条第1号の育児休業（産後パパ育休を含む）、

第23条第2項の3歳未満の子を育てる労働者を対象とした育児休業及び第24条第1項の小学校就学前の子を育てる労働者を対象とした育児休業

※2 小学校就学の始期に達するまでの子を養育する男性労働者を雇用する事業主が講ずる育児を目的とした休暇制度(育児休業等、子の看護等休暇及び育児・介護休業法第23条の3第1項第4号に規定する休暇(養育両立支援休暇)を除く。)

Q1-3:「フルタイム労働者一人当たりの各月ごとの法定時間外労働及び法定休日労働の合計時間数等の労働時間」の把握に当たっての対象労働者の範囲を教えてください。例えば、管理監督者も含まれるのでしょうか。

A1-3:事業主が雇用する労働者のうち、短時間労働者(※)を除いたすべての労働者が対象です。

管理監督者を含め下記に掲げる者も対象になりますが、算出に当たり、労働時間管理の方法が他の労働者と異なっているため、その他の労働者とは分けて把握することが考えられます。例えば、労働安全衛生法令上又は労働基準法令上求められる労働時間(高度プロフェッショナル制度の適用を受ける労働者については、健康管理時間)の管理方法により、把握することが考えられます。

① 事業場外みなし労働時間制の適用を受ける労働者(労働基準法第38条の2)

② 専門業務型裁量労働制の適用を受ける労働者(労働基準法第38条の3)、企画業務型裁量労働制の適用を受ける労働者(労働基準法第38条の4)

③ 管理監督者等(労働基準法第41条)

④ 高度プロフェッショナル制度の適用を受ける労働者(労働基準法第41条の2)

※ 短時間労働者及び有期雇用労働者の雇用管理の改善等に関する法律(平成5年法律第76号)第2条第1項に規定する短時間労働者。

Q1-4:行動計画の期間が改正法の施行日(令和7年4月1日)をまたぐ場合、どの時点から定量的な目標設定をする必要があるのでしょうか。次の行動計画期間からでよいのですか。

A1-4:施行日(令和7年4月1日)以降に策定又は変更する一般事業主行動計画から、育児休業等の取得状況等に関する状況把握・定量的な目標の設定等に関する義務の対象となります。

厚生労働省公表Q&A

2. くるみん認定について

Q2-1：今回の改正によるくるみん、プラチナくるみん、トライくるみんの認定基準の見直し内容を教えてください。

A2-1：くるみん、プラチナくるみん、トライくるみんの認定基準の主な見直しの内容は以下のとおりです。詳細は、リーフレット等をご参照ください。

https://www.mhlw.go.jp/stf/newpage_11367.html

○認定基準5（男性の育児休業等の取得に係る基準）

　　認定のための男性の育児休業等取得率等が引き上げられました。

認定基準5

次の(1)または(2)のいずれかを満たしていること。（※1）

(1)　計画期間における、男性労働者の育児休業等取得率が、基準として定める割合（※2）以上であること

(2)　計画期間における、男性の育児休業等取得率および企業独自の育児を目的とした休暇制度利用率が、合わせて基準として定める割合（※3）以上であり、かつ、育児休業等を取得した者が1人以上いること

（※1）　「くるみん」認定においては、当該取得率・利用率の割合を「両立支援のひろば」で公表していることが求められます。

（※2）　男性の育児休業等取得率の引き上げ

	旧基準	新基準
トライくるみん	7%	10%
くるみん	10%	30%
プラチナくるみん	30%	50%

（※3）　男性の育児休業等取得率および企業独自の育児を目的とした休暇制度利用率の引き上げ

	旧基準	新基準
トライくるみん	15%	20%
くるみん	20%	50%
プラチナくるみん	50%	70%

○認定基準6（女性の育児休業等の取得に係る基準）

　　認定基準6に「女性有期雇用労働者の育児休業等の取得率75%以上」が追加されました。

> 認定基準 6　※下線部を追加
>
> 計画期間における、女性労働者および育児休業の対象となる女性有期雇
> 用労働者の育児休業等取得率が、それぞれ 75％以上であること。（※ 4）
> （※ 4）「くるみん」認定においては、当該取得率の割合を「両立支
> 　　　　援のひろば」で公表していることが求められます。

○認定基準 7 （働き方の見直しに係る基準）

　くるみん・プラチナくるみん認定において、「雇用するすべてのフルタ
イム労働者の各月ごとの時間外労働と休日労働の合計の平均時間数」の基
準が 30 時間未満に引き上げられるとともに、当該基準又は「25 ～ 39 歳
のフルタイム労働者の時間外労働と休日労働の合計の平均時間数が各月
45 時間未満であること」を満たすこととする見直しがされました。

> 認定基準 7
>
> 計画期間の終了日の属する事業年度において次の⑴または⑵のいずれ
> かを満たしていること、かつ⑶を満たしていること。
> ⑴　フルタイム労働者の法定時間外・法定休日労働時間の平均が各月
> 　　30 時間未満（旧基準：45 時間未満）であること。
> ⑵　フルタイム労働者のうち、25 ～ 39 歳の労働者の法定時間外・法
> 　　定休日労働時間の平均が各月 45 時間未満であること。（新設）
> ⑶　月平均の法定時間外労働 60 時間以上の労働者がいないこと。

○認定基準 8 （成果に関する具体的な目標を定めて実施する措置の選択肢）

　所定外労働の削減を廃止し、「男性労働者の育児休業等の取得期間の延
伸のための措置」が追加されました。

> 認定基準 8
>
> 次の①～③のいずれかの措置について、成果に関する具体的な目標を
> 定めて実施していること（※ 5）
> ①　男性労働者の育児休業等の取得期間の延伸のための措置（旧基準：
> 　　所定外労働の削減のための措置）
> ②　年次有給休暇の取得の促進のための措置
> ③　短時間正社員制度、在宅勤務、テレワークその他働き方の見直し
> 　　に資する多様な労働条件の整備のための措置

247

> （※5）「プラチナくるみん認定」の場合は、①～③のすべての措置を実施しており、かつ、①または②のうち、少なくともいずれか一方について、定量的な目標を定めて実施し、その目標を達成したこと。

○プラチナくるみんの認定基準10（能力またはキャリア形成支援のための取組に関する計画の策定及び実施対象の見直し）

女性労働者のみを対象としていましたが、男性を含む全ての労働者に拡大しました。

> 認定基準10
> 育児休業をし、または育児を行う労働者（旧基準：女性労働者）が、職業生活と家庭生活の両立を図りながら、その意欲を高め、かつその能力を発揮することで（旧基準：就業を継続し、）活躍できるような能力の向上またはキャリア形成の支援のための取組にかかる計画を策定し、実施していること。

Q2-2：改正前のくるみん認定を受けている場合、当該認定マークを表示し続けることは可能ですか。

A2-2：改正前のくるみん認定を受けている場合、当該マークを表示し続けることは可能ですが、認定当時のマーク（旧基準のマーク）となるため、新たな基準を満たす取組を行い、新基準のくるみん認定を取得していただくことが望ましいです。

なお、新基準で認定された場合のマークには、「2025年度基準」（新基準適用年度）が明記されることとなります。

トライくるみん　　新しいトライくるみん　　くるみん　　新しいくるみん

Q2-3：くるみん認定基準・プラチナくるみん認定基準・トライくるみん認定基準について、今回追加された基準である「女性有期雇用労働者の育児休業

2　令和6年改正次世代育成支援対策推進法に関するQ＆A

等取得率が75%以上であること」の対象となる女性有期雇用労働者の範囲を教えてください。

A2-3：「女性有期雇用労働者の育児休業等の取得率」については、育児・介護休業法に基づく育児休業等の対象となる女性有期雇用労働者（※）のうち計画期間内に出産した者に占める、育児休業等をした女性有期雇用労働者の割合を指します。

　　なお、認定申請時に既に退職している女性有期雇用労働者は、分母にも分子にも含みません。

※　育児・介護休業法において、有期雇用労働者のうち以下に該当する場合は、育児休業制度の対象外となります。

　・日々雇用の場合
　・子が1歳6か月（2歳までの休業の場合は2歳）に達する日までに労働契約の期間が満了し、更新されないことが明らかな場合

　　また、法に基づき労使協定の締結により除外可能な者は以下のとおりです。

　・継続雇用期間が1年未満の場合
　・1年（1歳以降の休業の場合は6か月）以内に雇用契約が終了する場合
　・週の所定労働日数が2日以下である場合

Q2-4：くるみん認定基準・プラチナくるみん認定基準について、雇用する労働者1人当たりの各月ごとの時間外労働及び休日労働の合計時間数を、「全てのフルタイム労働者の平均が45時間未満」から「全てのフルタイム労働者の平均が各月30時間未満又は25歳以上39歳以下のフルタイム労働者の平均が45時間未満」と改正した趣旨を教えてください。

A2-4：今回の改正により、「フルタイムの労働者の法定時間外・法定休日労働時間の平均が各月45時間未満であること」の要件が、くるみん・プラチナくるみんについては、次の①と②のいずれかを満たさなければならないこととなります。

①　フルタイムの労働者の法定時間外・法定休日労働時間の平均が各月30時間未満であること

②　フルタイムの労働者のうち、25 ～ 39歳の労働者の法定時間外・法定休日労働時間の平均が各月45時間未満であること

　　これは、改正前の基準は子育て中の労働者を含む全ての世代の平均である「フルタイムの労働者の法定時間外・法定休日労働時間の平均」のみであっ

たところ、今回の見直しでは、

・長時間労働是正を更に推進する観点から、全ての世代の平均である「フルタイムの労働者の法定時間外・法定休日労働時間の平均」を「各月30時間未満」に引き下げる、上記①の選択肢を設定した上で、

・小学校就学前の子を育てる労働者が特に多いと考えられる労働者の長時間労働の是正が進むよう、25～39歳の労働者に限定し、「フルタイム労働者のうち、25～39歳の労働者の法定時間外・法定休日労働時間の平均が各月45時間未満であること」という、上記②の選択肢も新たに創設することとしたものであり、

自社における両立支援環境をめぐる課題等も踏まえながら、そのいずれを満たすかを選んでいただくこととしたものです。

Q2-5：くるみん認定基準・プラチナくるみん認定基準・トライくるみん認定基準について、成果に関する具体的な目標を定めて実施する措置の項目に追加された「男性労働者の育児休業等の取得期間の延伸のための措置」とは、具体的にどのような措置があるのでしょうか。また、成果に関する具体的な目標としては、どのような内容を定める必要があるでしょうか。

A2-5：今回の改正により、成果に関する具体的な目標を定めて実施する措置の項目については、

① 男性労働者の育児休業等の取得期間の延伸のための措置

② 年次有給休暇の取得の促進のための措置

③ 短時間正社員制度、在宅勤務、テレワークその他働き方の見直しに資する多様な労働条件の整備のための措置

に見直されます。具体的には、①～③の措置の例は以下のとおりで、これらの成果に関する具体的な目標を定めて実施する必要があります。

① 男性労働者の育児休業等の取得期間の延伸のための措置

・育児休業等取得者の代替業務に対応する労働者（業務代替者）の確保、業務代替者への手当（賃金の増額）等の実施

・定期的な労働者の意識調査と改善策の実施

・職場と家庭の両方において貢献できる職場風土づくりに向けた意識啓発を行うこと

・長期の育児休業取得が可能となるような環境整備としての業務の棚卸し、複数担当制の確立

・安心して休業を取得し、職場復帰できる環境に向けたハラスメント防止

研修の実施

② 年次有給休暇の取得の促進のための措置

・年間の年次有給休暇取得計画の策定

・年次有給休暇の取得率の目標設定及びその取得状況を労使間の話し合いの機会において確認する制度の導入

③ 短時間正社員制度、在宅勤務、テレワークその他働き方の見直しに資する多様な労働条件の整備のための措置

・短時間正社員制度の導入

・在宅勤務制度、テレワーク制度の導入

　なお、トライくるみん・くるみんは「①～③のいずれかの措置について、成果に関する具体的な目標を定めて実施していること」、プラチナくるみんは「①～③の全ての措置を実施しており、かつ、①又は②のうち、少なくともいずれか一方について定量的な目標を定めて実施し、その目標を達成したこと」が要件になります。

Q2-6：プラチナくるみん認定基準について、能力の向上又はキャリア形成の支援のための取組に係る計画の策定及び実施の内容が「育児休業等をし、又は育児を行う労働者が、職業生活と家庭生活との両立を図りながら、その意欲を高め、かつその能力を発揮することで活躍できるような能力の向上又はキャリア形成の支援のための取組」と改正されましたが、具体的にどのような取組を行う必要があるのでしょうか。また、改正前は要件を満たしていたものの、改正後は要件を満たしたと認められなくなる取組はあるのでしょうか。

A2-6：改正前は女性労働者に向けた取組のみでしたが、今回の改正により、男女問わず育児休業等を取得し、又は子育てを行う労働者が仕事と家庭を両立の両立を図りながら、活躍できるようにするため、例えば、次のような能力の向上又はキャリア形成の支援のための取組を実施することが必要となりました。このため、改正前は要件を満たしていたものの、改正後は要件を満たしたと認められなくなる取組については、例えば、労働者の能力向上やキャリア形成の支援のための取組が、男性労働者を対象から排除するものである場合、新基準の要件に該当しないこととなります。

① 子育て中の労働者に向けた取組

・育児休業からの復職後又は子育て中の労働者を対象とした能力の向上のための取組又はキャリア形成を支援するためのカウンセリング等の取組

・今後のキャリア形成の希望に応じた両立支援制度の利用や配偶者との家事分担等の検討を促すためのキャリア研修の実施
② 管理職に向けた取組等
・育児休業制度や短時間勤務制度等を利用しても中長期的に処遇上の差を取り戻すことが可能となるような昇進基準及び人事評価制度の見直しに向けた取組
・育児休業や短時間勤務制度等の制度利用者のキャリア形成・能力開発を行っていく必要があることや、円滑な制度利用のために業務を代替する周囲の労働者の業務見直しや評価への配慮が求められることについての管理職向けの情報提供や研修の実施
③ 組織のトップの関与等
各企業における次世代育成支援対策の推進体制の整備を図る方策として、企業トップによる仕事と子育ての両立支援の推進が重要であるという考え方を明確にした強いメッセージの発信

3. くるみん認定に係る経過措置について

Q3-1：施行後2年間（令和7年4月1日から令和9年3月31日までの間）のくるみん認定申請、トライくるみん認定申請、プラチナくるみん認定申請については、改正前の基準の適合でも基準を満たしたものとして申請することができるとありますが、この場合、受けられるくるみん等認定には、何か違いがあるのでしょうか。

A3-1：くるみん認定基準、トライくるみん認定基準、プラチナくるみん認定基準のうち今回の見直しで改正されたものについては、計画期間の時期にかかわらず、令和9年3月31日までは旧基準で申請することが可能です。この場合に付与されるくるみん認定マーク、トライくるみん認定マークは旧基準によるマークとなります。（プラチナくるみん認定マークは同一です。）

旧マーク

2 令和6年改正次世代育成支援対策推進法に関するQ&A

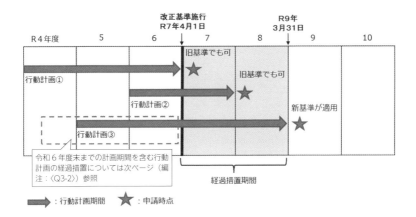

Q3-2：計画期間が施行日の前後をまたぐ場合に、改正後の新基準によるくるみん認定、トライくるみん認定を受けようとするときの経過措置を教えてください。

A3-2：令和6年度末までの計画期間を含む行動計画の経過措置については、施行後の取組を評価するため、令和7年3月31日以前に開始した行動計画で令和7年4月1日以降に認定申請を行う場合は、令和7年3月31日までの計画期間を含めずに、令和7年4月1日以降の計画期間を今回改正した基準の一部（※）の算出のための計画期間とみなすことができます。この場合に付与されるくるみん認定マーク、トライくるみん認定マークは新基準によるマークとなります。（プラチナくるみん認定マークは同一です。）

※ 男性の育児休業等取得率等、育児休業等をした女性（有期雇用）労働者の割合、法定時間外・法定休日労働時間等

新マーク

253

厚生労働省公表Q&A

Q3-3：プラチナくるみん認定は、認定取得後、同一の項目について2年連続で認定基準を満たさなくなった場合に認定取消となりますが、今回の認定基準改正に伴うプラチナくるみん認定の取消に関する経過措置はどのようになりますか。

A3-3：プラチナくるみん認定は、認定取得後、「両立支援のひろば」にて公表した「次世代育成支援対策の実施状況」が同じ項目で2年連続で基準を満たさなかった場合に取消の対象となりますが、今回の認定基準の改正に伴い、公表前事業年度が令和7年4月1日から令和8年3月31日までの期間を含む場合は、新基準を満たしていなくても旧基準を満たしていれば取消の対象とはならない（未達成としてカウントされない）こととしています。

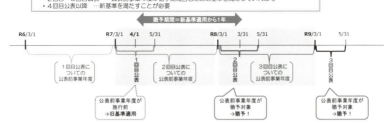

254

【著者紹介】

小磯優子（こいそ ゆうこ）
OURS小磯社会保険労務士法人 代表社員
特定社会保険労務士
1978年成蹊大学日本文学科卒業、2020年早稲田大学大学院法学研究科修了。1993年小磯社会保険労務士事務所を設立、2009年OURS小磯社会保険労務士法人に改組。2015年東京都社会保険労務士会副会長、2019年全国社会保険労務士会連合会理事。企業の労務管理・働き方改革を中心とした相談業務、人事制度構築、ビジネスと人権等に関するコンサルティング業務に従事、また法改正関連等のテーマでの講演多数。著書（共著）に、『改正 育児・介護休業法の基本と実務 早わかり』（労務行政）など。

高橋克郎（たかはし かつろう）
OURS小磯社会保険労務士法人 社員 チーフマネージャー
社会保険労務士
2009年中央大学法学部卒業。2012年4月OURS小磯社会保険労務士法人入所。2020年9月同法人の社員（取締役）就任。東証プライム市場を含む上場企業各社の労務顧問を担当し、日常の労務管理に係る相談対応からM&A、IPO支援等のコンサルティングを中心に従事する。また、出産・育児関係の制度・法改正等に関する講演、執筆やグループ会社シェアードとの提携を前提とした百～数千人規模の労働・社会保険手続きのアウトソーシング導入に従事する。

カバー・本文デザイン／志岐デザイン事務所

印刷・製本／日本フィニッシュ

〈1冊でわかる！ 改正早わかりシリーズ〉

育児・介護休業法、雇用保険法、次世代法

2025年3月21日 初版発行

著　者　小磯優子・高橋克郎
発行所　株式会社 労務行政
　　　　〒141-0031 東京都品川区西五反田 3 - 6 - 21
　　　　　　　　　住友不動産西五反田ビル 3 階
　　　　TEL：03-3491-1231　FAX：03-3491-1299
　　　　https://www.rosei.jp/

ISBN978-4-8452-5393-7
定価はカバーに表示してあります。
本書内容の無断複写・転載を禁じます。
訂正が出ました場合、下記URLでお知らせします。
https://www.rosei.jp/store/book/teisei